Vorwort

Was wären wir ohne frische Kräuter? Wir stecken unsere Nasen in Basilikumsträuße, sind wie berauscht vom frischen, würzigen Rosmarinduft und erliegen dem sanften Aroma eines Kerbelbündels. Kräuter sind ein wildes, faszinierendes Universum von Düften und Aromen, die zu immer neuen Kombinationen und Anwendungen einladen. Sie wecken Assoziationen in uns, lassen uns neue Rezepte erfinden und herkömmliche Gerichte überraschend variieren.

Dieser Kompass soll ein Wegbegleiter, ein Ratgeber und Helfer auf dem Weg durch die wunderbare Welt der Kräuter sein. Für Küchenfreunde haben wir uns Rezepte einfallen lassen, die vielleicht teilweise ungewohnt sind, aber Sie bestimmt anregen werden, mit Kräutern in der Küche zu experimentieren. Denn dem Einfallsreichtum bei der Rezeptentwicklung sind keine Grenzen gesetzt. Viele Gerichte können nach eigenem Geschmack abgewandelt werden und so zu einem ganz neuen Gourmet-Erlebnis werden.

Guten Appetit und immer genügend grünes Kraut im Haus!

Ihr Team vom Kräuterkompass

Inhalt

Seite

Kräuterküche – das Kochen der fast unbegrenzten Möglichkeiten

In der Küche können Sie mit Kräutern in all ihren Formen unglaublich improvisieren. Kräuter in der Küche eröffnen neue Geschmackswelten, Genuss bekommt ganz andere Dimensionen, ungekannte 0Geschmacksfelder öffnen sich, von denen Sie bisher nicht einmal etwas geahnt haben. Dieser Kräuterkompass kann ein Einstieg in eine neue Küchenwelt sein, die noch viele geschmackliche Höhepunkte für den Genießer bereithält.
Holen Sie sich beim Gang durch Ihren kleinen Kräutergarten Anregungen oder lassen Sie sich beim Betrachten des kleinen Kräuterbeetes auf dem Balkon inspirieren. Bei vielen Hobbyköchen setzt ein Gang entlang der Kräuterstände des Wochenmarktes Assoziationen frei: Düfte durchziehen die Nase, die Zunge fängt blind an zu schmecken, signalisiert »Dill, Dill ... hm, Fisch wäre doch mal wieder schön.« Und schon setzt sich eine Mahlzeit zusammen: Rotbarschfilet mit einer aromatischen Dillsauce, dazu neue Kartöffelchen – das soll es heute sein.
Es sind nur wenige Voraussetzungen für Experimente mit Kräutern notwendig: die Lust auf neue kulinarische Abenteuer, dieses Buch und wenigstens ein kleines Kräuterbeet auf dem Fensterbrett oder die richtigen Adressen für den Einkauf. Schnittlauch, Thymian, Majoran, Rosmarin, Schnittknoblauch, Salbei und Basilikum, der sich aber leider im Winter gern verabschiedet, sollte jeder Hobbykoch stets frisch zur Hand haben.
Wer keine guten Einkaufsmöglichkeiten und auch keine Chancen zum Eigenanbau mangels Garten oder Balkon hat, kann sich einen Vorrat an getrockneten, gefrorenen oder eingelegten Kräutern zulegen.

Kräuter kaufen

Frisch, frisch und noch mal frisch! Kräuterbündel sind in jedem Fall der Ware im Töpfchen vorzuziehen. Haben Sie zu viel eingekauft und konnten nicht alles aufbrauchen, wickeln Sie die Reste vorsichtig in ein angefeuchtetes Tuch (kann auch Küchenpapier sein) und legen Sie dieses in eine gut verschließbare Plastikbox oder in eine Plastiktüte. Im Gemüsefach des

Kühlschranks bleiben die Kräuter so einige Tage frisch. Beachten Sie beim Kauf, dass

- die Farbe frisch ist. Die Kräuter sollten keine gelblichen Verfärbungen aufweisen.
- die Stängel fest sind und keine herunterhängenden Triebe haben.
- das Blatt kräftig entwickelt ist und die Blätter nicht zusammenkleben.
- das Aroma gut ausgeprägt ist. Reiben Sie mit den Fingern vorsichtig an den Kräutern und riechen sie daran, falls es der Händler zulässt.

Kleine Kräutertöpfchen gibt es fast in jedem Supermarkt. Abzuraten ist vom Kauf von Dill im Topf. Er hält sich darin nur wenige Tage.
Stellen Sie die Töpfe in eine flache Schale mit genügend Wasser. Besonders Basilikum muss gut feucht gehalten werden. So können sich die Pflanzen im Idealfall einige Wochen frisch halten. Entfernen Sie die Plastikfolie von den Töpfchen, auch wenn Sie den Eindruck haben, dass die Stängel wegknicken könnten. Die meisten Kräuter bevorzugen einen kühlen Standort, der allerdings nicht kälter als 12° sein darf.

Pflanzen und Säen im Garten

Für den Kräuteranbau im Garten genügen in der Regel zwei bis zehn Quadratmeter; wenn Sie auch Kräuter trocknen wollen und Teekräuter anbauen möchten, benötigen Sie den doppelten Platz. Auf jeden Quadratmeter passen je nach Sorte vier bis zehn Kräuterpflanzen. Selten lohnt sich die Aussaat, da Sie nur wenige Pflanzen von jeder Sorte benötigen. Kaufen Sie die Kräuter am besten als Jungpflanzen direkt beim Händler. Pflanzen Sie die Setzlinge nicht zu früh. Anfang Mai ist die richtige Zeit für die meisten Kräuter, Basilikum darf erst ab Mitte Mai raus, denn es ist sehr frostempfindlich. Gießen Sie die frisch gepflanzten Setzlinge in jedem Fall großzügig an, auch wenn Sie meinen, es hätte schon genug geregnet.

Ohne Dünger geht nichts

Gerade Kräuter benötigen eine gute Bodenqualität, obwohl sich hartnäckig das Gerücht hält, sie würden an jedem Standort üppig gedeihen. Harken Sie oberflächlich im zeitigen Frühjahr oder im Herbst etwas organischen Mischdünger unter die oberste Bodenschicht; dann kann gepflanzt und gesät werden. Vermeiden Sie übermäßige, einseitige Kalkgaben. Diese sind zwar oft nötig, um einen sauren Boden wieder ins Gleichgewicht zu bringen, doch nehmen Sie davon nur ein Viertel bis die Hälfte der empfohlenen Menge. Eine starke Kalkgabe wirkt sich zwar positiv auf das Wachstum aus, aber der Geschmack vieler Kräuter leidet erheblich darunter.

Einige Kräuter wie Basilikum sind ausgesprochen dankbar, wenn während des Sommers noch zusätzlich flüssig nachgedüngt wird. Bei Basilikum verbessert die Düngung sogar das Aroma. Andere Sorten, vornehmlich die kleinblättrigen aus dem Mittelmeerraum, wie Rosmarin, Thymian, Bergbohnenkraut und Oregano, verlieren an Geschmack, wenn sie zuviel Dünger be-kommen. Lassen Sie sich von Ihrem Gärtner beraten.

Kräuteranbau auf dem Balkon

Es hat viele Vorteile, die Kräuter, die Sie am häufigsten beim Kochen einsetzen, immer in Herdnähe zu haben. Selbst wenn Sie Gartenbesitzer sind, werden Sie eher die wenigen Schritte zur Terrasse oder auf den Balkon machen, als sich aufzuraffen, die Kräuterbüschel im Garten – vielleicht sogar im Dunkeln – zu suchen. Doch auch für eine erfolgreiche Ernte der Balkonpflanzen gilt es einiges zu beachten: von der richtigen Wahl der Pflanzgefäße bis zur Auswahl der Kräuter.

Die meisten geläufigen Kräuter eignen sich für die Anzucht im Kasten oder Kübel. Die Gefäße müssen nur in jedem Fall groß genug sein, drei Liter Füllvermögen sollten Sie Einzelpflanzen mindestens gönnen. In Gartencentern werden oft sehr kleine Kübel und Kästen angeboten, und tatsächlich machen sich die Kräuter optisch auch ausgezeichnet darin, besonders in Terrakotten. Doch dann müssen Sie sicherstellen, dass im Hochsommer täglich gegossen wird. Ich rate daher zu Balkonkästen mit Wasserreservoir.

Empfehlenswerte Kräuter für den Balkon

Auch wenn Sie nur wenig Platz für Pflanzen haben, müssen Sie nicht auf eine kleine Kräuterzucht verzichten. Bevorzugen Sie bei Ihren Lieblingskräutern die aromatischeren und kleineren Varianten. Wählen Sie zum Beispiel beim Salbei den Zwerg-Salbei. Der gewöhnliche Salbei kann nämlich erhebliche Ausmaße annehmen und würde womöglich andere zartere Pflänzchen erdrücken. Minzesorten können ebenfalls sehr üppig werden. Empfehlenswert ist deswegen bei Platzproblemen die besonders aromatische Marokkanische Minze.

Einige Kräuter sind Tiefwurzler und gedeihen nicht in Töpfen. Dazu gehören Dill sowie Fenchel und Kerbel, sie liefern bestenfalls eine mickrige Ernte.

Wenn Sie Platz für mehrere Gefäße haben, reservieren Sie einige für kleinblättrige, mediterrane Kräuter, die immer gut zusammenpassen: Thymian, Majoran, Oregano, Ysop, Lavendel, Bergbohnenkraut und Rosmarin.

Andere wachsen stärker oder werden größer und benötigen viel Platz: Basilikum, Sauerrampfer, Lemonysop, Estragon, Petersilie, Salbei, Minze, Italienische Rauke (Rucola), Koriandergrün.

Harmonie auf dem Balkon

Kräuter und Blumen

Es ist kein Stilbruch, wenn Sie Balkonblumen mit Nutzkräutern kombinieren. Manche der wegen der schönen Blüten gezüchteten Pflanzen, wie z.B. Rankende Kapuzinerkresse (Tropaeolum majus) oder Gewürztagetes »Orange Gem« (Tagetes tenuifolia), sind außerdem noch essbar und eignen sich hervorragend für eine Kombination mit anderen Kräutern.

Es gibt kaum Kräuter, die den ganzen Sommer über blühen. Die Blütezeit von Schnittlauch, Thymian und Co. ist meist auf das Frühjahr beschränkt. Doch die folgenden Kräuter blühen oftmals bis zum ersten Frost: Anisysop, Lemonysop, Ringelblume, Gewürztagetes, Kapuzinerkresse, Basilikum in der Sorte »Wildes Purpur«, Mexikanischer Oregano (Poliomintha longi-flora) und Borretsch. Um Farbe ins Grün zu bringen, können Sie Ihren Kräutergarten sehr schön mit graulaubigen Kräutern, wie Currystrauch, Wermut oder Zypressenkraut, und rotlaubigen Sorten, wie Purpursalbei und Basilikum »Wildes Purpur«, aufpeppen.

Kräuter im Winter

Die Immergrünen unter den Kräutern können Sie praktisch das ganze Jahr ernten, auch bei Frost. Zu diesen besonders nützlichen Pflanzen zählen Salbei, Rosmarin, Bergbohnenkraut, Thymian, Tripmadam, Ysop und Lavendel.

Um auch im Winter in den Genuss weiterer frischer Kräuter zu kommen, können Sie diese rechtzeitig abschneiden und einfrieren oder die Pflanzen vor dem ersten Frost ins Haus holen und an ein helles Fenster stellen. Doch da die Lichtintensität dort meist nicht ausreicht, profitieren schnell wachsende, tropische Kräuter, an erster Stelle sei das Basilikum genannt, von einer speziellen Pflanzbeleuchtung über 16 Stunden am Tag. Normale Glühbirnen eignen sich dafür nicht. Wenn Sie diesen Aufwand nicht treiben wollen, sollten Sie wenigstens die Pflanzen an ein großes Südfenster stellen. Ideal ist auch ein Wintergarten mit einer Temperatur von 16° bis 20°.
Die Kräuter, die im Haus gezogen werden, entwickeln lange und weiche Triebe. Von Zeit zu Zeit sollten Sie daher die Triebe etwa um die Hälfte kürzen, damit die Pflanze buschiger wird. Empfehlenswert für die Kultur auf dem Fensterbrett oder im Wintergarten sind Basilikum (bevorzugt großblättrige Sorten), Min-ze, Sauerampfer, Majoran (besonders arabischer Majoran), Oregano, Blattkoriander (Koriandergrün), Italienische Rauke (Rucola) und Lorbeer, um nur die wichtigsten zu nennen. Viele andere Kräuter, insbesondere die im Garten so robusten Arten aus gemäßigten Zonen, vertragen die warme, trockene Zimmerluft, die fast absolute Windstille und das eingeschränkte Lichtangebot im Winter nicht und gehen ein.

Ihre Verwandten aus (sub-)tropischen Ländern bieten aber eine ideale Alternative.

Verwenden Sie

- Chinesischen Lauch statt Schnittlauch
- Zimmerknoblauch statt Schnittknoblauch
- Jamaikathymian statt Französischen oder Deutschen Thymian
- Zitronengras statt Zitronenmelisse
- Lemonysop (Agastache mexicana) statt Estragon.

Die Kräuterernte

Ein altes Sprichwort besagt, Basilikum wächst umso üppiger nach, je mehr es geerntet wird. Da ist was Wahres dran. Aber ernten Sie immer die Blätter mit einem Teil des Stängels, sonst haben Sie bald ein paar hässliche, dünne Stiele – mit Blüten zwar, aber ohne Blätter. Außerdem wird die Pflanze durch die richtige Ernte angeregt, mehr Verzweigungen zu bilden, und damit auch mehr Blätter, und zugleich wird die Blütenbildung unterdrückt. Die Blüten entziehen der Pflanze viel Kraft, die im Idealfall der Blattbildung zur Verfügung steht.

Welche Pflanzenteile eignen sich zum Verzehr?

Grundsätzlich gilt: Alles was zart ist, darf Verwendung finden; auch die Blüten! Ernten für die Verwendung in der Küche können Sie auch noch nach der Blüte, die Blätter werden dann jedoch etwas zäher. Beim Oregano und Majoran sind es gerade die Blüten und Kelche (winzig, aber viele), die das beste Aroma geben. Sogar abgeblühte Zweige von Oregano, Majoran und Salbei übertreffen das Aroma der Blätter um Längen.

Wann kann geerntet werden?

Im Garten von Mai bis November; im Haus das ganze Jahr über.

Welche Gartenkräuter lassen sich konservieren?

Salbei und die kleinblättrigen, mediterranen Halbsträucher Thymian, Bergbohnenkraut, Rosmarin, Ysop sind hervorragend zum Trocknen geeignet, Thymian wird sogar noch intensiver im Geschmack. Bündeln Sie von diesen Kräutern einige Zweige im Hochsommer zusammen, und hängen Sie sie z.B. in der Küche oder an einer anderen dekorativen Stelle ohne direktes Sonnenlicht auf. Nach zwei bis drei Wochen, wenn die Zweige rascheltrocken sind, kommen sie in Papiertüten zum Schutz vor Staub. So halten sie bis zur nächsten Ernte. Erst bei Verwendung rebeln Sie die Blätter ab. Derart behandelter Rosmarin ist unvergleichlich edler im Aroma als der in Gläsern aus dem Supermarkt. Überhaupt sind die Kräuter, die Sie eigenhändig ernten, qualitativ meist hochwertiger als kommerzielle Kräuterprodukte, vorausgesetzt, Sie halten sich an die hier benannten wichtigsten Regeln.

Einige zartblättrige Kräuter mit starkem Aroma lassen sich ebenfalls trocknen. Bei Melisse, Anisysop und Minze sollten die Blätter jedoch von den Stängeln gestreift werden – das erhält das Aroma bei diesen Kräutern besser – und dann ausgebreitet auf einem Stück Haushaltspapier an einem schattigen, warmen Platz im Haus für zirka eine Woche trocknen, bevor Sie sie in Papiertüten füllen.

Viele Kräuter eignen sich weniger zum Trocknen. Basilikum und Dill kann man portionsweise einfrieren. Von Estragon können Sie einen aromatischen Essig machen, indem Sie einfach ein Paar Zweige in eine Flasche Essig geben. Achten Sie darauf, dass alle Teile im Essig schwimmen. Notfalls binden Sie ein Steinchen zum Beschweren dran.

Rauke (Rucola), Sauerampfer, Kerbel, Tripmadam, Schnittlauch und Schnittknoblauch halte ich persönlich für ungeeignet für jegliche Form der längerfristigen Konservierung.

Kräuter als Heilmittel

Die Geschichte der Kräuter ist fast ebenso alt wie die der menschlichen Zivilisation. Doch nicht immer wurde das Wissen um die Kräuter von Generation zu Generation weitergegeben. Denn diese Überlieferungen erfolgten mündlich. Und mit dem Aussterben vieler Hochkulturen gingen auch die Erfahrungen mit den Kräutern und Gewürzen verloren. Die ersten schriftlichen Überlieferungen begannen die Chinesen etwa 3000 v. Chr. Heute ist allerdings bekannt, dass die Ägypter schon gut 1000 Jahre früher ihre ersten Kräutergärten an-gelegt haben. Dort bauten sie Oliven und Granatäpfel an, später Myrrhe und Kamille. Nicht von ungefähr sieht der Islam das Paradies als Garten mit kühlenden Wasserspielen, erlesenen Früchten und Gemüsen.

Zu solch paradiesischen Zuständen konnten sich die Mönchsbrüder 300 Jahre n. Chr. nicht durchringen, als sie in den ersten christlichen Klöstern Kräutergärten für die Grundversorgung einrichteten. Als Karl der Große die ersten Kräuteranpflanzungen befahl, hatten die Klöster schon Gärten mit 16 Beeten, in denen sie u.a. Salbei und Rosmarin zogen. Doch das war dem Kaiser nicht genug, er ordnete an, dass »man auf den Hofgütern alle Kräuter habe« – insgesamt über 60 verschiedene Sorten. Doch bei den Mönchen stand weiterhin die medizinische Anwendung der Kräuter im Vordergrund, in erster Linie wurden sie als Heilmittel verwandt und erst in zweiter Linie als Würzmittel. Deswegen züchteten sie beispielsweise in großem Stil Engelwurz, als Mittel gegen die grassierende Pest. Viele Heilkundige und Ärzte im Mittelalter nutzten das Wissen um die Heilwirkung von Kräutern und setzten diese erfolgreich ein. Heute machen einige Klöster einen ordentlichen Likör aus dem Heilmittel und bereiten aus den Pflanzen eine Süßspeise.
Ein bekennender Fan der Kräuterheilkunde unserer jüngeren Vergangenheit war Pfarrer Kneipp: »Kein Kraut, kein Pulver, das ich nicht selbst versucht und als bewährt befunden habe«! Und er forderte: »Geht hinaus in den Garten Gottes und sammelt die Gaben!« Eher aus eigennützigen Motiven machten sich auch die Nationalsozialisten die Kräuterlehre zu eigen.

So gründeten sie am 16. April 1935 in Berlin »Die Reichsarbeitsgemeinschaft für Heilpflanzenkunde und -beschaffung«, um das Großdeutsche Reich von ausländischen Importen unabhängig zu machen. Und im »Feldkochbuch für den Osten« gab es detaillierte Anweisungen, wie man über zwölf Küchenkräuter anbaut und verwendet, denn »sie heben den gesundheitlichen Wert der Kost«.

Aufgeschreckt durch die Zunahme von Arzneimittelskandale in der Pharma-Industrie, interessieren sich seit den 70er Jahren auch alternative Mediziner wieder für die Heilkraft der Kräuter. Mittlerweile floriert die Alternativ-Medizin mit Heilkräutern.

A

Austernpflanze
(Mertensia maritima L.)

In der Küche: Ein perfekter Begleiter zu allen Seefischgerichten, harmoniert besonders mit frischem Hering und Scholle. Gibt Salaten eine fast maritime Note. Unterstützt das Aroma feiner Meeresfrüchte wie Austern und Co. Feingehackt ein geschmackvoller Brotbelag.

Sorten: Enge, etwas feinere Verwandte der Borretsch-Familie

Geschmack: Kräftiges Aroma von Meer, Salz und Sonne, fast geschmacksidentisch mit ihrer Namensgeberin, dazu ein wenig nussig.

Verwendung: Nur die frischen Blätter und Stiele.

Aussehen: Hellblaue, leicht bereifte Blätter, ähnlich wie Feldsalat, wächst direkt über dem Boden und bildet wunderschöne kleine, meerblaue Blüten.

Herkunft: Wildwachsend an der Küsten Nordschottlands.

Anbau: In humusreiche Beete pflanzen, wächst gut in der Nähe von Wasser mit hoher Luftfeuchtigkeit und dank ihrer Herkunft auch auf salzigen Böden.

Saison: Juli bis September

Wirkung: Leider noch weitgehend unerforscht.

Tipp: Die Austernpflanze ist im Handel kaum erhältlich, also am besten selbst anbauen! Man findet sie gelegentlich in der freien Natur in unmittelbarer Nähe der Meeres- küste. Dann sollten Sie einige Blättchen mitnehmen, nicht die ganze Pflanze.

Grüne Heringe
mit Kräuterkartoffeln

Zutaten für 4 Portionen

16 filetierte Heringe ohne Rückengräte
800 g fest kochende Kartoffeln
16 Austernpflanzenblätter
1 Bund glatte Petersilie
150 g Crème fraîche
150 g Sahne
1 Schuss Pernod
Salz und Pfeffer
Semmelbrösel
100 g Butter

Zubereitung:

Die Heringsfilets gründlich abspülen, trockentupfen und beiseite stellen. Die Kartoffeln mit der Schale gar kochen, schälen, in Scheiben schneiden und in eine feuerfeste Form geben. Den Backofen auf 150° vorheizen. Die Austernpflanzenblätter und die Petersilie waschen, abtupfen und klein hacken. Die Kräuter mit Crème fraîche und Sahne verrühren, mit Pernod, Salz und Pfeffer abschmecken. Die Kartoffeln mit der Kräutersahnemischung übergießen. Im Backofen (Mitte, Umluft 130°) 8 Min. erwärmen. Inzwischen die Heringe salzen, pfeffern und in den Semmelbröseln wenden. Die Butter in einer großen breiten Pfanne erhitzen. Die Heringe in die Pfanne geben und vorsichtig von jeder Seite 4 Min. braten, bis die Filets eine braune Kruste haben. Behutsam aus der Pfanne heben und mit den Kräuterkartoffeln servieren. Dazu passt ein frisches herbes Bier.

B

Bärlauch

(Allium Ursinum L.)

In der Küche: Schmeckt nur frisch, am besten zu Gemüsen, vor allem zu Kartoffeln, aber auch zu Kalbscarpaccio. Ideal zu Salaten aus Wildkräutern. Unschlagbar als kräftige Würze für Frischkäse aller Art. Gibt Gratins und Suppen den letzten Pfiff. Ein Bärlauch-Risotto ist die Krönung der Reisküche.

Geschmack: Schmeckt frisch, am besten zu Gemüsen, vor allem zu Kartoffeln, aber auch zu Kalbscarpaccio. Ideal zu Salaten aus Wildkräutern. Unschlagbar als kräftige Würze für Frischkäse.

Verwendung: Nur die frischen grünen Blätter

Aussehen: Die Pflanzen haben nur jeweils zwei Blätter, die bis zu 25 Zentimeter hoch werden.

Herkunft: Aus dem nördlichen Asien und Europa. Bärlauch ist bislang noch nicht richtig kultiviert worden. Man findet ihn in Laubwäldern und an feuchten, schattigen Plätzen.

Anbau: Erfordert Geduld, etwa 3 bis 4 Jahre, bis die Pflanzen sich mehrfach selbst fortgepflanzt haben. Aussaat mit gekauftem Saatgut bringt nur dürftige Ergebnisse.

Saison: Anfang März und Ende Juni.

Wirkung: Verdauungsfördernd und belebend.

Achtung: Bärlauch kann leicht mit den giftigen Maiglöckchen verwechselt werden – im Zweifelsfall Blätter reiben. Bärlauch riecht nach Knoblauch.

Geschichte: Bärlauch verdankt seine Wiederentdeckung Deutschlands berühmtestem Koch Eckart Witzigmann. Als er noch in München kochte, stieß er bei einem frühmorgendlichen Spaziergang im Englischen Garten auf den intensiven Bärlauch-Geruch. Begeistert steckte er ein paar Blätter ein und fing an, seine legendären Bärlauch-Rezepte zu entwickeln.

Ziegenkäse-Bärlauch-Terrine

(Nach einer Idee von Eckart Witzigmann)

Zutaten für 4 Portionen

Für eine kleine Terrinenform von etwa 0,35 l Fassungsvermögen

Rucola-Blätter zum Auslegen der Terrine
Salz
3 Blatt weiße Gelatine
200 g Ziegenfrischkäse
100 g saure Sahne oder Crème fraîche
Peffer
2 EL Olivenöl
Zitronensaft nach Geschmack
3 EL gehackte Petersilie
4 EL gehackter Bärlauch

Zubereitung:

Rucola in Salzwasser blanchieren, abtropfen lassen. Die Terrine damit auslegen. Die Gelatine in kaltem Wasser einweichen und ausdrücken. Die saure Sahne oder die Crème fraîche erwärmen, die Gelatine unter Rühren darin auflösen und mit den restlichen Zutaten gut vermischen. Die Masse abschmecken und in die Terrinenform füllen. Die Oberfläche glatt streichen und 24 Std. in den Kühlschrank stellen.
Dazu schmeckt Baguette und Tomatensalat.

B

Bärwurz
(Meum athamanticum)

In der Küche: Für Suppen, zu Fisch, in Saucen, zu Kräuterbutter und Quark. Das feine Aroma der Blätter harmoniert gut mit Schnittlauch, darf aber nicht mit kräftigen Kräutern zusammen verarbeitet werden. Im Erzgebirge kochte man früher Suppen damit, siehe Rezept. Die Wurzel wird im schottischen Hochland als Gemüse verwendet.

Geschmack: Sehr fein, erinnert an Liebstöckel und Fenchel, behält getrocknet im Gegensatz zum Dill seinen Geschmack.

Verwendung: Das Kraut für Salate und als Füllung im Fisch. Im Südschwarzwald wird die getrocknete Pflanze mit Meersalz zu einem Kräutersalz gemischt.

Aussehen: Bärwurz ist eine ca. 50 cm hohe und bis zu 30 cm breite mehrjährige, krautige Pflanze mit fächerndem Blattwerk und weißen Blütendolden.

Herkunft: Westeuropa, von den Alpen bis nach Schottland.

Anbau: Im Bayrischen Wald wird Bärwurz von Landwirten angebaut, um daraus einen Kräuterlikör zu machen oder es für die Pflanzenheilkunde zu verwenden.

Saison: Blütezeit Mai und Juni.

Wirkung: Als Schnaps verdauungsfreundlich nach einem ausgiebigen kräftigen Essen.

Tipp: Ein interessantes Kraut, das es für die Küche wieder zu entdecken gilt.

Köppernickel-Suppe

Zutaten für 4 Portionen

1 mittelgroße Zwiebel
ca 500 g mehligkochende Kartoffeln
700 ml Hühnerfond
250 ml Milch
100-150 g Bärwurzblätter
Salz
Pfeffer
Muskat

Zubereitung:
Zwiebel schälen, würfeln und in Butter anschwitzen. Währenddessen die Kartoffeln schälen, grob würfeln, kurz mitdünsten und dann mit einem Teil der Brühe gar kochen. Inzwischen die Bärwurzblätter putzen. Das Grün von den Mittelrippen abstreifen, alles nach Belieben sehr fein oder etwas gröber hacken.
Die weichgekochten Kartoffeln in einem Topf zerstampfen und die restliche Brühe sowie die Milch zugeben. Dann die Suppe mit dem Mixerstab pürieren. Alles erwärmen, dann erst die gehackten Bärwurzblätter zugeben und mit den Gewürzen abschmecken. Mit etwas Sahne abrunden.
Die Bärwurzblätter können nicht mit dem Mixer gehackt werden!

B

Basilikum

(Ocimum basilicum L.)

In der Küche: Basilikum war die Einstiegsdroge für viele Kräuterfans und hatte auch ein Spezialgericht: Tomaten mit Mozzarella und Basilikum. So begann der Basilikum seinen Siegeszug durch die Küchen. Basilikum gibt es heute in jedem Supermarkt in kleinen Töpfchen frisch zu kaufen. Wenn Sie die Gelegenheit haben, sollten Sie ihn aber lieber frisch in großen Büschen beim Gemüsehändler kaufen und Pesto auf Vorrat herstellen.

Sorten: 40 verschiedene Sorten im Angebot, zum Beispiel Genoveser Basilikum (am beliebtesten), Thai-Basilikum, Mexikanisches Gewürzbasilikum.

Geschmack: Etwas pfeffrig, unglaublich intensiv und vollmundig aromatisch – der Duft eines Basilkumbusches hat fast betäubende Wirkung.

Verwendung: Nur die frischen Blätter, aber am besten immer ganze Stängel mit Basilikum pflücken und verarbeiten, getrocknet nicht zu empfehlen.

Aussehen: Sehr unterschiedlich, auch in den Farben – von hell grünen, weichen Blätter (Genoveser Basilikum) bis zum knubbeligen dunkelvioletten Purpur-Basilikum.

Herkunft: Aus Südasien, über Indien und den Iran nach Südeuropa

Anbau: Nicht unproblematisch: Basilikum braucht viel Wärme, Temperaturen über 15° Grad. Wenn Basilikum aber erst einmal wächst, ist es kaum zu bremsen und beginnt zu wuchern.

Saison: Den ganzen Sommer über

Wirkung: Appetitanregend und magenstärkend

Basilikum
mit Aprikosen

Zutaten für 4 Portionen

8 reife Aprikosen
1 Zitrone
2 EL Rohrzucker
4 Blatt weiße Gelatine
250 ml Weißwein
(z. B. Muskateller)
20 Buschbasilikumblätter
1 EL Walnussöl

Zubereitung:

Die Aprikosen waschen, halbieren, entkernen und in eine Schüssel geben. Die Zitrone auspressen und mit dem Saft die Früchte begießen. Mit dem Rohrzucker süßen und kalt stellen. Die Gelatine in kaltes Wasser geben, aufweichen und ausdrükken. Den Wein in einem Topf erwärmen, die Gelatine dazugeben und den Topf vom Herd nehmen. Die Basilikumblätter waschen, trockentupfen, klein schneiden und mit in den Topf geben. Dann diese Mischung in eine große Schüssel gießen und in den Kühlschrank stellen.
Sobald das Gelee fest ist, herausnehmen und grob zerteilen. Mit den Aprikosenhälften vermengen und mit dem Walnussöl beträufeln. Mit einigen Basilikumstängeln dekorieren. Als erfrischenden Zwischengang oder als Dessert bei einem großen Menü servieren.

B

Bohnenkraut

(Satureja montana oder hortensis L.)

In der Küche: Meist nur für Bohnengerichte verwendet, passt Bohnenkraut auch zu allen anderen Hülsenfrüchten. Durch seinen pfefferartigen Charakter wird Bohnenkraut zu einem dominanten Würzkraut. Bohnenkraut kann auch statt Oregano verwendet werden, gut zu Lammgerichten, klassisch zu grünen Bohnen, aber auch zu Salaten. Damit es seine Aromen richtig entfalten kann, bei warmen Gerichten lange mitkochen lassen. Dann die ganzen Zweige verwenden und vor dem Servieren entfernen.

Sorten: Bergbohnenkraut oder Winterbohnenkraut, Sommerbohnenkraut

Geschmack: Fast pfeffrig, frisches Kraut, getrocknet intensiver

Verwendung: Frische Blätter, Bohnenkraut zum Trocknen an einen schattigen, luftigen Ort hängen.

Aussehen: Bergbohnenkraut wird ca. 80 cm hoch, bildet rosaweiße Blüten, das einjährige Sommerbohnenkraut ist kleiner, bildet weiß-lilafarbene Blüten.

Herkunft: Ursprünglich aus dem östlichen Mittelmeerraum und dem Schwarzen Meer, heute in ganz Europa verbreitet, wird es vor allem in Frankreich angebaut.

Anbau: Auf leichtem durchlässigem Boden, nur wenig Dünger verwenden.

Saison: Die beste Würzkraft um die Blütezeit

Wirkung: Schon die Ärzte des Mittelalters wussten, dass Bohnenkraut bei Blähungen und anderen Magen- und Darmproblemen durch seine krampflösenden Wirkstoffe hilft, außerdem wirkt es antibakteriell.

Tipp: Das pfefferartige Bergbohnenkraut kann als Salzersatz bei einer salzlosen Diät verwendet werden.

Hummer
mit Bohnenkraut

Zutaten für 2 Portionen

4 l Gemüsebrühe
2 Thymianzweige
Meersalz
1/3 TL grober Pfeffer
2 Hummer à 500 g
6 Bohnenkrautzweige
+ Bohnenkraut
zum Dekorieren
5 EL Weißweinessig
125 g Butter
Salz und Pfeffer

Zubereitung:

Die Brühe mit Thymian, Salz und Pfeffer würzen und aufkochen. Die Hummer in die kochende Brühe geben; sie müssen unbedingt von der Brühe bedeckt sein! Die Hummer 10 Min. kochen lassen, dann herausnehmen und sofort unter fließendem kalten Wasser abkühlen lassen. Die Hummerschwänze abtrennen und das Fleisch auslösen. Die Scheren aufknacken und das Fleisch im Ganzen herauslösen. Die Hauptpanzer von den Innereien befreien. Auf einem Backblech die Hummer in ihrer ursprünglichen Form zusammensetzen. Den Backofen auf 140° vorheizen. Für die Sauce 400 ml vom Hummerfond durch ein Sieb in einen Topf gießen und einkochen lassen. Vom Herd nehmen, die abgezupften Bohnenkrautblätter dazugeben und 10 Min. zugedeckt ziehen lassen. Den Sud wieder durch ein Sieb gießen, Essig und Butter dazugeben, kurz erhitzen und zu einer sämigen Sauce aufmixen. Mit Salz und Pfeffer ab schmecken. Die Hummer im Backofen (Mitte, Umluft 120°) 6 Min. erwärmen. Hummer mit Bohnenkraut dekorieren und mit der Sauce servieren.

B

Borretsch
(Borago officinalis L.)

In der Küche: Ein hervorragendes Würzmittel für Gurkensalat. Passt aber auch gut zu Tomaten- und Kartoffelsalat. Schmeckt wunderbar mit Quark und Joghurt. In Italien bäckt man Borretschblätter in süßem Eierteig aus. Die Engländer verzieren mit den hübschen hellblauen Blüten gern ihre Drinks. Ursprünglich wurde Borretsch nur als Gemüse verwendet, obwohl er beim Kochen an Geschmack verliert.

Sorten: Einjähriger Borretsch, Weißblühender Borretsch, Ausdauernder Borretsch

Geschmack: Stark nach Gurke, sehr erfrischend und würzig

Verwendung: Kleine Blätter für frischen Salat, größere als Gemüse wie Spinat zubereiten, lässt sich nicht lange aufbewahren – die Blätter welken schnell. Nicht zum Trocknen geeignet.

Aussehen: Bis zu 80 cm hoch, Stängel und Blätter leicht behaart, fünfzipfelige, meist blaue, selten weiße Blüten

Herkunft: Ursprünglich aus dem östlichen Mittelmeerraum, heute in ganz Europa heimisch.

Anbau: Des faulen Gärtners reine Freude: Sät sich jedes Jahr selbst aus. Der Ausdauernde Borretsch kann auch im Winter im Topf gezogen werden.

Saison: Mai bis September, am besten in Bündeln vom Markt kaufen und schnell verbrauchen.

Wirkung: Schleimlösend, enthält viel Vitamin C (wenn er frisch ist) und regt den Adrenalinausstoß an. Deshalb galt Borretsch schon bei den Kreuzfahrern als Mutmacher, der die Angst verscheuchte.

Tipp: Die kleinen Borstenhaare auf der Borretschpflanze sind vor allem bei größeren Blättern oft störend. Des-halb diese nur geschnitten oder gehackt verwenden.

Borretsch-Butter

Zutaten für 4 Portionen

150 g weiche Butter
2 EL fein gehackter Boretsch
je 1 EL fein gehackter Dill und Schnittlauch
1 TL fein gehackte Schalotte
Zitronensaft nach Geschmack
Salz und Pfeffer

Zubereitung:
Die weiche Butter cremig aufschlagen, alle Zutaten gut unterrühren. Mit Zitronensaft, Salz und Pfeffer abschmecken. Zu einer Rolle formen, in Alufolie einschlagen und im Kühlschrank aufbewahren. Die Kräuterbutter schmeckt köstlich als Brotaufstrich. Sie passt auch zu gebratenem Fleisch, Fisch oder Grillgerichten.

C

Chilis

(Capsicum frutescens L.)

In der Küche: Der Scharfmacher überhaupt. Peppt jedes müde Alltagsgericht auf. Das berühmte Chili con carne ist sicherlich der schärfste aller Eintöpfe. Chili passt zu allen Fleischgerichten, aber Vorsicht bei der Dosierung. Auch eingelegte Schoten sind immer noch sehr feurig!

Sorten: Mexikanische Chilis, Thai-Chilis, Kirschpeperoni, Sibirischer Hauspaprika. Die berühmte Tabascosauce wurde nach einer mexikanischen Provinz benannt, nicht nach einer Chilisorte!

Geschmack: Höllenscharf, je nach Größe, es gilt die Regel: je kleiner, desto schärfer.

Verwendung: Nur die Früchte, ohne die gelben Samenkerne, aus den getrockneten Früchten wird Cayennepfeffer gemahlen.

Aussehen: Die Chilipflanze wird bis zu 2 m hoch. Die Schoten sind klein und länglich. Farbe: zwischen gelb und tiefrot, auch grün. Die Färbung sagt nichts über die Schärfe aus.

Herkunft: Südamerika – die Ureinwohner Brasiliens und Perus verzehrten sie schon 6000 Jahre v. Chr. Kolumbus brachte sie nach Europa, wo sie überall, sogar im fernen Sibirien, kultiviert wurde.

Anbau: Aussaat im Frühjahr, Früchte reifen im Herbst heran. Tabasco kann im Topf überwintern, ebenso der Sibirische Hauspaprika, der mit wenig Licht auskommt. Braucht humusreichen, kalkhaltigen Boden.

Saison: Das ganze Jahr über

Wirkung: Kreislaufanregend und schweißtreibend

Tipp: Das Alkaloid Capsaicin, verantwortlich für die Schärfe in den verschiedenen Paprikasorten, ist ähnlich strukturiert wie Coffein. Ist die Dosierung zu heftig geraten, lindert ein Glas Milch oder trockenes Brot den Mundbrand.

Portugiesischer
Chili-Hühnertopf

Zutaten für 4 Portionen

- 4 Hühnerkeulen
- 1 Gemüsezwiebel
- 3 Möhren
- 2 Paprikaschoten
- 4 Chilischoten
- 4 EL Butter
- Salz und Pfeffer
- Paprikapulver, edelsüß
- 200 ml Geflügelbrühe
- ½ Dose pürierte Tomaten
- 4 große Kartoffeln

Zubereitung:

Die Hühnerkeulen waschen und trockentupfen. Die Zwiebel schälen und in Ringe schneiden. Die Möhren schälen, waschen und in dicke Scheiben schneiden. Paprika- und Chilischoten putzen und waschen, klein würfeln. Die Butter in einem Topf schmelzen lassen und die Keulen darin hellbraun anbraten. Die Keulen kräftig salzen, pfeffern und großzügig mit Paprikapulver bestäuben. Die Brühe angießen. Möhren, Pap-rika- und Chilischoten zusammen mit den pürierten Tomaten zu den Keulen geben. ½ l Wasser angießen, alles kräftig aufkochen und 20 Min. köcheln lassen. Inzwischen die Kartoffeln schälen, waschen und in dicke Scheiben schneiden. Kartoffeln zum Eintopf geben und nochmals 30 Min. köcheln lassen. Den Eintopf nach Gusto abschmecken und mit Landbrot servieren.

C

Chinesischer Gemüsebaum

(Toona silensis)

In der Küche: Wird gerne für nahrhafte Gemüsegerichte oder zu kurz Gebratenem verwendet.

Sorten: Auch erhältlich ist Purple Chinese Toon, in China und Malaysia als Baumgemüse bekannt.

Geschmack: Heißt wegen seines Geschmacks auch gerne Maggi-Baum, so zwischen Petersilie, Schnittlauch und Knoblauch.

Verwendung: Die frischen Triebe werden vor allem im Frühjahr abgeschnitten. Ältere Blätter werden als Tee getrunken.

Aussehen: Sollte nicht höher 150 cm wachsen, dann schneidet man bequem die frischen Triebe ab. Kann pro Jahr einen Meter zulegen. Im Frühjahr weiße Blüten mit angenehmem starken Duft.

Herkunft: Aus dem Norden Chinas.

Anbau: Daher winterhart, doch den unteren Teil des Baumes im Winter abdecken. Die Winterhärte verbessert sich mit den Jahren.

Saison: Frühjahr, dann schmecken die jungen Triebe besonders gut.

Wirkung: Traditionelle Heilpflanze in der chinesischen Medizin, wirkt als Schmerzmittel. Die Blätter wirken keimhemmend und werden auch bei Hautproblemen eingesetzt, gilt als wirksam gegen Krebs.

Tipp: Besitzt einen hohen Eiweißgehalt, deshalb oft als Fisch für Gemüsefreunde bezeichnet.

Mini-Rouladen

Zutaten für 4 Portionen

10 große Blätter vom Chinesischen Gemüsebaum
500 g gemischtes Hackfleisch
geriebenes Toastbrot
1 Ei
1 feingehackte Zwiebel
1 EL Senf
Salz, Pfeffer, Paprikapulver, Sahne

Zubereitung:

Gemüseblätter in heißem Salzwasser blanchieren, herausnehmen und abtropfen lassen. Hack mit dem geriebenen Toastbrot, dem Ei und der gehackten Zwiebel gut vermischen. Mit den Gewürzen abschmecken.
Je nach Größe der Blätter kleine Mengen vom Hack abstechen. Die Masse auf ein Blatt legen, mit einem Blatt bedecken und sorgfältig einwickeln. Die Rouladen in eine Form legen und im Backofen bei 200 Grad so lange braten, bis die Rouladen dunkel angelaufen sind. Bei Bedarf Sahne und etwas Wasser angießen. Zwischdurch die Rouladen wenden. Dazu Salzkartoffeln reichen.

C

Curryblatt

(Murraya koengii)

In der Küche: Curryblätter passen gut zu Currys mit Rind, Lamm oder Huhn. Curryblatt wird in der indischen Küche verwendet, daher wird es in den Landesküchen verwendet, die von der indischen Küche beeinflusst wurden. Aus der ayurvedischen Küche sind Curryblätter nicht wegzudenken.

Sorten: indischer Currybaum, Kari Patta, Kadi Patta.

Geschmack: Curryblätter sind Grundlage des echten Currypulvers, frisch schmecken sie am besten, getrocknet verlieren sie an Geschmack.

Verwendung: mindestens zwei frische oder drei getrocknete Blätter pro Person.

Aussehen: Sehen aus wie Lorbeerblätter, jedoch etwas dunkler.

Herkunft: In Südindien haben viele Familien einen Currybaum im Garten stehen.

Anbau: Stammen vom Currybaum, der in Indien und Afrika gezüchtet wird.

Saison: Mai bis Oktober

Wirkung: Das starke Aroma der Blätter fasziniert selbst die Gaumen europäischer Gewürzfreunde.

Tipp: Im Asialaden preisgünstig im Beutel kaufen, Reste einfrieren. Getrocknete Blätter sind relativ lange haltbar.

Thai-Curry Panang
mit Rindfleisch

Zutaten für 4 Portionen

600 g Roastbeef
100 g geröstete Erdnüsse
Erdnussöl zum Braten
2 EL Panang-Currypaste
6 geschnittene Curry-Blätter
8 Maiskölbchen
200 g geputzte Champignons
1 L Kokosmilch
Fischsauce
Brauner Zucker
Röstzwiebeln
Koriander

Zubereitung:

Fleisch in Streifen schneiden, mit den Erdnüssen und der Currypaste in heissem Öl anbraten, bis die Paste anfängt zu duften. Mit Kokosmilch abschlöschen und 5 Minuten köchlen lassen. Restliche Gemüse zugeben und drei Minuten ziehen lassen. Mit Fischsauce und Zucker anschmecken.
Zum Anrichten in tiefe Teller geben, mit den Röstzwiebeln und Koriander bestreuen

D

Dill

(Anethum graveolens L.)

In der Küche: Dill zum Fisch ist eine Offenbarung, kaum ein anderes Kraut harmoniert so mit dem leichten Salzgeschmack von Seefisch. Vor allem in Ländern mit kühlem Klima verbreitet, ist Dill dagegen heute in der Küche des Mittelmeerraumes fast unbekannt und wird dort gern mit Anis verwechselt. Dillsamen sind ein wichtiges Gewürz in Indien, wo es auch am häufigsten in ganz Asien angebaut wird. Dill schmeckt frisch am besten. Einfrieren ist möglich. Eine Konservierung in Essig oder Öl ist nicht zu empfehlen.

Geschmack: Erfrischend, sehr aromatisch, Samen schmecken fein nach Kümmel.

Verwendung: Dillspitzen, Knospen, Blüten (ganz junge Blüten haben ein besonders intensives Aroma).

Aussehen: Aufrecht wachsende einjährige Pflanze, feingefiederte Blätter mit gelben Blüten, blüht im Frühsommer.

Herkunft: Dill wurde schon in der Antike als Küchenkraut geschätzt.

Anbau: Dill muss schon sehr früh ausgesät werden, am besten im Februar/März. Die dünnen Triebe sind windempfindlich. Folgesaaten sind zu empfehlen. Nach der Blüte wachsen keine Blätter mehr nach, deshalb rechtzeitig ernten. Dill nicht im Topf ziehen. Dort fällt seine Ernte mager aus, denn Dill ist ein Tiefwurzler. Ideal ist ein guter humoser Boden. Dill niemals verpflanzen.

Saison: Spätes Frühjahr und Frühsommer

Wirkung: Beruhigend, verdauungsfördernd

Tipp: Mahlen Sie getrocknete Dillsamen aus dem eigenen Anbau in der Pfeffermühle über Salate, Frischkäse, Fisch – Sie werden begeistert sein!

Graved Lax

Zutaten für 8 Portionen

1 Lachs
5 Bund Dill
100 g Meersalz
50 g Zucker
Pfeffer
1 Spritzer Cognac
oder Pernod

Zubereitung:
Den Lachs vom Fischhändler filetieren lassen, so dass zwei schiere Lachsseiten mit Haut übrigbleiben. Abspülen, Blutreste entfernen, trockentupfen. Den Dill ohne Stängel fein hacken. Stängel klein hacken und beiseite legen. Salz, Zucker und Pfeffer mischen, die Lachsseiten damit einreiben. Cognac oder Pernod darüber spritzen. Den Boden einer Porzellanform mit Dill und der Salzmischung bestreuen und eine Lachsseite mit der Haut nach unten hineinlegen. Über alles kräftig Dill streuen und die zweite Lachsseite mit der Hautseite nach oben darauf legen. Restlichen Dill, die gehackten Stängel und die Gewürze darüber streuen. Mit Alufolie fest abdecken und im Kühlschrank 24 Std. ruhen lassen, dann die Lachsseiten einmal wenden. Wieder 24 Std. ruhen lassen. Zum Servieren den Lachs abspülen, trockentupfen und in dünne Scheiben aufschneiden. Die Lachsseiten halten kühl aufbewahrt in Folie mindestens eine Woche.

Tipp: Servieren Sie dazu eine Senfsauce aus 4 EL mildem Senf, 1 EL Wasser, 4 EL Zucker, 2 EL Weißweinessig, 1/8 l Öl und 2 EL gehacktem Dill.

E

Eberraute

(Artemisia abrotanum L.)

In der Küche: Für fette Braten wie Gans, Ente und Schwein. Würzt ähnlich wie der verwandte Beifuß. Auch schwere Saucen können mit Eberraute abgeschmeckt werden. Salate bekommen durch den etwas bitteren Geschmack eine interessante, herbe Note – aber dafür sparsam verwenden. Zum Anrichten von Quark und Mayonnaisen. Passt frisch gut zu Wermut-Drinks.

Sorten: Eberraute, feinblättrige Eberraute, Kkleeeberraute, Baumeberraute (duftet nach Mandarine)

Geschmack: Sehr aromatisch, etwas zitronig, leicht bitter

Verwendung: Nur die frischen oder getrockneten Blätter

Aussehen: Sehr dünne, fast federartige helle Blätter, Pflanze wird bis zu 1 m hoch.

Herkunft: Wild wachsend in der östlichen Türkei und Persien, bei uns oft als Zierpflanze in ländlichen Gärten.

Anbau: Humusreicher Boden mit viel Sonne, im Herbst oder Frühjahr muss die mehrjährige Pflanze auf 10 cm Höhe zurückgeschnitten werden, ist aber trotzdem winterhart.

Saison: Sommer bis Herbst, blüht in unseren Breiten fast nie.

Wirkung: Magenschonend, fettabbauend, früher war die Eberraute eine beliebte Empfehlung der alten Kräuterfrauen als unwiderstehliches Liebeselixier. Wird heute noch als Likörzusatz verwendet.

Tipp: Die getrockneten Blätter nur in lichtabweisenden und gut verschließbaren Gefäßen aufbewahren.

Lammkoteletts
mit Eberraute

Zutaten für 4 Portionen

8 Lammkoteletts
2 EL Olivenöl
Salz und Pfeffer
200 g Frischkäse
8 entkernte, fein-
gehackte Oliven
1 EL fein gehackte
Eberraute
½ Bund gehackte
Petersilie

Zubereitung:
Die Lammkoteletts im Olivenöl auf jeder Seite 4 Min. kräftig anbraten. Salzen und pfeffern. Frischkäse, Oliven und Kräuter mit einer Gabel gut mischen. Die Koteletts mit der Mischung bestreichen. Für 2 Min. unter den Grill stellen. Mit Baguette servieren.

E

Engelwurz

(Angelica archangelica L.)

In der Küche: In Nordeuropa werden die Blätter und Stängel als Gemüse verzehrt. Mit den gehackten Blättern können Fischsuppen gewürzt werden.

Sorten: Chinesischer Engelwurz (eher ein Heilkraut).

Geschmack: Erfrischend, hocharomatisch, süßlich, getrocknet etwas bitter im Nachgeschmack.

Verwendung: Frische Blätter, Stiele, Wurzel und Samen werden nur getrocknet zu Kräuterschnäpsen verarbeitet.

Aussehen: In der freien Natur oft eine eindrucksvolle Staude mit bis zu 2 m Höhe, mit grünen Blättern und dunkelrot-violetten Stängeln.

Herkunft: Eine sehr alte heidnische Kulturpflanze aus dem hohen Norden, in Mitteleuropa erst ab dem 15. Jahrhundert bekannt, heute wird sie in Franken und Thüringen sogar angebaut.

Anbau: Braucht viel Sonne, wächst üppig in feuchtem Boden, wird nur zwei Jahre alt.

Saison: Blätter können immer geerntet werden, die Stängel erst im zweiten Lebensjahr der Pflanze.

Wirkung: Einst eines der wichtigsten Heilkräuter, in China heute noch die wichtigste Heilpflanze. Wirkt blutdrucksenkend, nervenstärkend und gegen Bakterien.

Tipp: Ein fast vergessenes Gewürz: Angelika ist, kulinarisch nüchtern betrachtet, unbekannt verzogen. Freunde hat sie noch in Skandinavien und in verschiedenen Klöstern, deren Mönche aus ihrem parfümähnlichen Aroma Likör herstellen und ihr den engelshaften Namen gaben. Experimentierfreudige Köche entdecken Engelwurz aber jetzt wieder – für Desserts.

Kandierter **Engelwurz**

Zutaten für 4 Portionen

500 g Engelwurzstängel
500 g Zucker

Zubereitung:

Die Engelwurzstängel von Blättern und Blüten befreien. In etwa 5 cm lange Stücke schneiden. In einenTopf mit Wasser geben und nicht zu weich kochen. Wasser abgießen, die Stängel abkühlen lassen. Die äußere Haut abziehen. 300 g Zucker in eine Schüssel geben und die Stängel darin wenden. Abgedeckt zwei Tage ziehen lassen. Dann alles in einen Topf mit 300 ml Wasser geben. Aufkochen und so lange köcheln lassen, bis alle Flüssigkeit eingekocht ist. Erkalten lassen. Die Stängelstücke mit dem restlichen Zucker bestreuen und trocknen lassen. In luftdicht abgeschlossenen Gefäßen aufbewahren.
Kandierter Engelwurz als feinen süßen Snack zwischendurch genießen.

E

Estragon
(Artemisia dracunculus L.)

In der Küche: Eines der beliebtesten französischen Küchenkräuter. Keine Sauce Béarnaise ohne Estragon. Aber auch der Fisch liebt das grüne Kraut. Empfehlenswert zu Kräuterfrischkäse und Salat. Estragon passt auch zu Geflügel- und Gemüsegerichten. Essig, Senf und Marinaden lassen sich mit Estragon hervorragend veredeln. Im Nahen Osten soll man die jungen Triebe vom Estragon noch immer als Gemüse verzehren, während bei uns nur die Blätter als Gewürzkraut verwendet werden.

Sorten: Deutscher Estragon (sehr aromatisch), Französischer Estragon (lieblicher) Russischer Estragon (sehr herb)

Geschmack: Als frisches Kraut leicht süßlich, ein wenig an Lakritze erinnernd, getrocknet mit klassischem Heugeschmack.

Verwendung: Nur die frischen grünen Blätter, Feinschmecker verdammen ihn getrocknet, jedoch für die Sauce Béarnaise braucht man ein wenig davon.

Aussehen: Bis zu 1m hoch mit charakteristischen langen, dünnen Blättern und gelben kleinen Blüten.

Herkunft: Im Gegensatz zu jahrtausendealten Kräutern ist der Estragon erst seit den zurückkehrenden Kreuzrittern bei uns bekannt.

Anbau: Die französische Variante braucht nahrhaften guten Boden, während der deutsche robustere Kollege auch in raueren Lagen gedeiht.

Saison: Ernte bis November möglich

Wirkung: Früher bekannt als Mittel gegen Zahnschmerzen, Estragontee soll bei Schlaflosigkeit helfen.

Sauce Béarnaise

Die schnellste der Welt

Ein Rezept vom Sylter Koch Axel Henkel

Zutaten für 4 Portionen

2 gehackte Schalotten
5 cl Weißweinessig
6 Pfefferkörner
100 ml Weißwein
1 TL getrockneter Estragon
2 TL frischer gehackter Estragon
3 Eigelbe
150 g geschmolzene Butter
2 EL Joghurt
Salz
Cayennepfeffer

Zubereitung:

Die Schalotten, Essig, Pfefferkörner, Weißwein, getrockneter Estragon und 1 TL frischer Estragon in einem Topf bis auf die Menge zweier EL einkochen, dann durch ein Sieb passieren. Die Eigelbe im Wasserbad mit dem Passierstab oder den Schneebesen des Handrührgeräts aufschlagen. Den Estragonsud, die Butter und den Joghurt behutsam dazugeben. 1 TL frischen Estragon dazugeben und alles so lange aufschlagen, bis eine sämige Sauce entstanden ist. Mit Salz und vorsichtig mit Cayennepfeffer abschmecken. Diese Sauce kann im Gegensatz zur traditionellen Sauce Béarnaise wieder aufgewärmt werden. Servieren Sie ganz klassisch Spargel und Rinderfilet dazu.

F

Fenchel

(Foeniculum vulgare L.)

In der Küche: Ein Gewürzkraut, dessen Wohlgeschmack unterschätzt und zum Kochen viel zu wenig eingesetzt wird. Dabei ist Fenchel ein köstlicher Begleiter für Fisch und Geflügelgerichte. Mit seinem grünen Kraut kann man die weiße Knolle sogar noch interessanter zubereiten. Klein gehacktes Kraut gibt einer leichten, hellen Sauce eine unverwechselbare Note. Gedünsteter Fisch, mit gehacktem Fenchelkraut bestreut, bekommt ein wunderbares Aroma.

Sorten: Gemüsefenchel, Staudenfenchel, Gewürzfenchel (für die Samengewinnung), Meerfenchel ist eine ganz andere Pflanze und nur namensverwandt.

Geschmack: Die Knolle leicht nach Anis, das Kraut kräftig süßlich und stärker nach Lakritz

Verwendung: Fenchelknolle als Gemüse, das Fenchelkraut als Würze und als Salat, Samen für Öl und als Würze für Salami

Aussehen: Gemüsefenchel bildet eine dicke weiße Knolle, aus der kräftige, grüne Triebe wachsen, die sehr dünne, fast spitzenartige Blättchen ausbilden.

Herkunft: Ein geschichtsträchtiges Gewächs: Die Griechen benannten sogar eine Schlacht nach ihm, denn Marathon bedeutet Fenchel und der wuchs auf dem Kampfplatz in Mengen.

Anbau: Die grünen Fenchelspitzen sind im Frühjahr am wohlschmeckendsten, die Samen werden nach der Reife geerntet und getrocknet.

Saison: Mai bis September

Wirkung: Zählt zu den heiligen Kräutern der angelsächsischen Kultur. Fencheltee hilft bei Verdauungsproblemen und ist krampflösend. Fenchelsamen wurden früher während der Fastenzeit verzehrt, um das Hungergefühl einzudämmen.

Frittierter Fenchel

Zutaten für 4 Portionen

2 Fenchelknollen
mit grünem Kraut
Öl zum Frittieren
Mehl zum Wenden
Salz und Pfeffer

Zubereitung:
Fenchelknollen putzen und quer in dünne Scheiben von 2 mm Stärke schneiden. Das grüne Kraut hacken. Öl zum Fritieren erhitzen. Mehl in eine Schüssel geben und darin die Fenchelscheiben sorgfältig mehlieren. Mit einer Schaumkelle den Fenchel in das Öl tauchen, das dabei kräftig aufschäumen muss, sonst ist es noch nicht heiß genug. Die Scheiben im Öl bewegen, damit sie nicht aneinander kleben. Wenn sie knusprig sind, mit der Kelle herausheben. Auf Haushaltspapier abtropfen lassen, salzen und pfeffern. Zum Servieren mit Fenchelkraut bestreuen. Idealer Begleiter zu Fischgerichten.

K

Kerbel
(Anthriscus cerefolium L.)

In der Küche: Ohne Kerbel keine Frankfurter Grüne Sauce. Wunderbar zu Schalentieren wie Krebsen. Suppen bekommen mit Kerbel einen fast eleganten Geschmack.

Sorten: Krauser Kerbel, Myrrhenkerbel

Geschmack: Leicht süßlich, erinnert an Fenchel und Anis, sehr feine, zarte Aromen

Verwendung: Nur die frischen Blättchen und Stiele, getrocknet verliert es viel an Aroma.

Aussehen: Die Pflanze ist klein und hat zarte hellgrüne Blätter, deren Form stark an Petersilie erinnern, mit der die Pflanze auch verwandt ist.

Herkunft: Schon in der Antike fester Bestandteil des Küchenkräutergartens. Stammt aus Westasien, hat sich aber stark europäisiert, so dass es heute fast überall angebaut wird.

Anbau: Sollte schon im Herbst ausgesät werden. Kerbel blüht sehr schnell, was aber den Geschmack seiner Blätter nicht mindert. Braucht feuchten Boden, lässt sich einfach im Topf ziehen.

Saison: Frühjahr bis Herbst

Wirkung: Enthält viel Vitamin C

Tipp: Kerbelschnapps passt gut zu Flusskrebsen. Wenn im August in Schweden die Krebssaison beginnt, trinken die Schweden für jede gegessene Krebsschere einen Kerbelschnaps. Und so wird er zubereitet: Sie brauchen dafür 2 Hand voll frische Kerbelblätter und 750 ml Wodka. Füllen Sie die Kerbelblätter in eine weithalsige Flasche und gießen sie mit etwas Wodka auf, sie sollten gut bedeckt sein. Die Flasche anschließend gut verschließen und sieben Tage ruhen lassen. Danach den Kerbelwodka filtern und in eine Flasche gießen. Mit dem restlichen Wodka auffüllen und genießen!

Kerbelsüppchen
mit Krebsschwänzen

Zutaten für 4 Portionen

250 ml Fischfond
250 ml Geflügelfond
250 g Sahne
100 ml trockener Wermut
(z. B. Noilly Prat)
Salz und Pfeffer
4 EL frische grüne Erbsen
4 EL gehackter Kerbel
12 ausgelöste
Flusskrebsschwänze
Kerbelblättchen
zur Dekoration

Zubereitung:
Fischfond, Geflügelfond, Sahne und Wermut in einen Topf geben und um ein Drittel einkochen lassen. Mit Salz und Pfeffer abschmecken. Erbsen und Kerbel dazugeben und 3 Min. mitkochen lassen. Dann alles mit dem Pürierstab gut durchpürieren. Zum Servieren jeweils 3 Krebsschwänze auf jeden Teller geben und die Suppe angießen. Mit Kerbelblättchen garniert servieren.

Tipp: Statt Flusskrebsschwänzen können Sie auch 12 kleine tiefgekühlte Scampi oder 80 g Krabbenfleisch verwenden.

K

Knoblauch

(Allium sativum L.)

In der Küche: Ein durch übermäßigen Genuss zu Unrecht in Verruf geratenes wichtiges Küchenkraut, außer zu Desserts kann Knoblauch zu sehr vielen Gerichten verwendet werden. Man muss ihn nur sehr sparsam verwenden, dann unterstützt und verstärkt er vorhandene Geschmacksnuancen. Leider übertreiben Knoblauch-Fanatiker ihr Würzen, sodass es einer Bestrafung gleichkommt, mit solchen Leuten an einem Tisch zu sitzen, geschweige denn gemeinsam zu speisen.

Sorten: Die vermutlich deftigste Variante aus der Lauchfamilie

Geschmack: Kräftig und unverwechselbar

Verwendung: Die geschälte Knolle, bei frischen Zwiebeln auch das Grüne oberhalb der Wurzel, das man wie Schnittlauch verarbeiten kann.

Aussehen: Zwischen 60 cm und über 160 cm große Pflanze mit dünnen lauchartigen Stängeln

Herkunft: Von Zentralasien aus über die ganze Welt verbreitet

Anbau: Riesenknoblauch braucht oft zwei Jahre, um die ersten Wurzelknollen zu bilden.

Saison: Im Mai kommt der frische Knoblauch aus Ägypten in den Handel, der am besten schmeckt. Im Juni ziehen sich alle Knoblauchpflanzen für zwei Monate zurück.

Wirkung: Antiseptisch, hilft bei Erkältungen, blutdrucksenkend und galt als probates Mittel gegen Vampire.

Tipp: Möglichst frische Knoblauchknollen verwenden, sie schmekken weniger aufdringlich streng als die getrockneten. Im verschlossenen Plastikbeutel halten sich frische Knoblauchzehen mehrere Wochen im Kühlschrank.

Knoblauchsauce

Zutaten für 6 Portionen

6 Knoblauchzehen
Salz, Pfeffer
3 Eigelbe
300 ml Olivenöl
Saft von ½ Zitrone
Cayennepfeffer nach Geschmack

Zubereitung:
Die Knoblauchzehen schälen, pürieren, Salz, Pfeffer und die Eigelbe zufügen. Nach und nach das Olivenöl unterrühren wie bei einer Mayonnaise, tropfenweise Zitrone dazugeben. Mit Cayennepfeffer abschmecken und 1 TL kochend heißes Wasser zufügen, damit die Sauce nicht gerinnt.

Tipp: Das ist die berühmte Aioli, ohne die keine Bouillabaisse, die berühmte französische Fischsuppe, schmeckt, die aber auch herrlich als Dip zu geröstetem Baguette passt.

K

Koriandergrün

(Coriandrum sativum L.)

In der Küche: In erster Linie als Gewürz für Lebkuchen, Spekulatius- und Weihnachtsgebäck verwendet. Mit den getrockneten Samenkörnern würzt man bei uns Rotkohl, Wurst und Pasteten, Marinade für Wild, sauer eingelegtes Gemüse wie Sauerkraut, Rote Bete usw. Doch die Küchen Asiens und Lateinamerikas benutzen vor allem Koriandergrün für diverse Gerichte: Zu allen grünen Salaten nimmt man die frisch geschnittenen Blätter, aber auch für Eierspeisen, Rindfleisch, Fisch.

Sorten: Thüringer Koriander, Jantar-Koriander, Blattkoriander,

Geschmack: Ein wenig vom Salbei, auch ein Hauch von Mandarine, Samen und Koriandergrün schmecken ganz verschieden, auch die verschiedenen Sorten schmecken sehr unterschiedlich.

Verwendung: Frische Blätter und reife Samenkörner, die Wurzeln werden in der Thai-Küche verwendet.

Aussehen: Die Pflanze wird bis zu 60 cm hoch, hat zartgrüne petersilienähnliche Blätter.

Herkunft: Schon im alten Rom kannte man diverse Rezepte mit Koriander. Es wächst inzwischen in fast allen Erdteilen, außer vielleicht Spitzbergen. Kurz: ein vielgereister Kräuter-Tourist.

Anbau: Trotz ihres exotischen Hintergrundes verträgt die Pflanze kühles Wetter, Blattkoriander ist mit Winterschutz sogar winterhart, darf aber im Sommer nicht blühen.

Saison: Die Blätter das ganze Jahr über, im Sommer und Herbst die reifen Körner.

Wirkung: Die heilkräftigen Öle der Körner helfen bei Verdauungsbeschwerden und Magenschmerzen.

Tipp: Die Samenkörner lange mitkochen lassen, die frischen Blätter erst zum Schluß zugeben.

Mexikanische Fleischbällchen
mit Koriander

Zutaten für 4 Portionen

400 g Beefhack (Tatar)
300 g Schweinehack
gehackte Korianderblätter nach Geschmack
1 gehackte Schalotte
2 gehackte Knoblauchzehen
Salz, Pfeffer
Öl zum Braten

Zubereitung:
Außer dem Öl alle Zutaten in einer Schüssel gut miteinander vermischen. Mit Salz und Pfeffer abschmecken. Kleine Bällchen formen und in der Pfanne im heißen Öl gut durchbraten.

Tipp: Dazu schmecken feurige Dips, zum Beispiel eine Salsa verde. Dafür 1 kleine Dose grüne Tomaten in der Küchenmaschine fein pürieren mit 1 geputzten weißen Zwiebel, 4 gewaschenen grünen Chilischoten, 4 geschälten Knoblauchzehen und 1 EL frisch gehacktem Koriandergrün. Achtung: höllisch scharf!

K

Kümmel
(Carum carvi L.)

In der Küche: Ohne Kümmel würde die deutsche Deftig-Küche zu einer argen Belastung für den Magen. Deshalb kein Sauerkraut ohne Kümmel, kein Kohleintopf ohne das braune Gewürz. Kümmelbrot ist vor allem im süddeutschen Raum verbreitet, passt zu einer kräftigen Brotzeit. Pellkartoffeln sollte man immer mit einem Esslöffel Kümmel kochen. Und was wäre ein Bayrischer Krautsalat ohne Kümmel ? Aber auch Quark und Frischkäsezubereitungen kann man damit würzen. Kreuzkümmel, geschmacklich eigentlich eine andere Welt, wird vor allem für orientalische und asiatische Gerichte verwendet.

Sorten: Über 20 allein vom Gemeinen Kümmel, Damaszener Kümmel, Schwarzkümmel, Kreuzkümmel.

Geschmack: Ein Hauch von Dill und Petersilie. Der verwandte Kreuzkümmel schmeckt exotischer, facettenreicher.

Verwendung: Die getrockneten Samen, aber auch die frischen Blätter und Wurzeln als Würze.

Aussehen: Das Doldengewächs wird bis zu einem Meter hoch, hat dünne spitze Blätter und weiße Blüten.

Herkunft: Versteinerte Kümmelkörner wurden schon in Ruinen aus der Jungsteinzeit gefunden, daher soll er das älteste bekannte Gewürz sein. Auf jeden Fall wurde er schon vor 5000 Jahren verwendet. Nach Europa kam er im 13. Jahrhundert aus der Türkei.

Anbau: Eigentlich eine wild wachsene Pflanze, braucht einen feuchten Boden mit viel Sonne. Braucht eine lange Wachstumsphase. Um den Samen zu gewinnen, die ganzen Dolden nachtrocknen.

Saison: Kümmel kann man im Juni ernten, dabei frühmorgens die Dolden einsammeln.

Wirkung: Appetitanregend und verdauungsfördernd.

Sylter
Schafskäsetrüffel

Zutaten für 4 Portionen

200 g Schafskäse
(z. B. Sylter)
50 g Butter
2 cl Kirschwasser
1 Prise Salz
1 Prise Zucker
1 Msp. Cayennepfeffer
3 Scheiben Vollkornbrot
1 EL Kümmel
2 EL Kümmelschnaps
(z. B. Geele Köm, Helbing)
4 EL heller Speisesirup
oder Honig
Schnittlauch
Radieschenblätter

Zubereitung:

Schafskäse durch ein Sieb streichen und mit der Butter, dem Kirschwasser, Salz, Zucker und Cayennepfeffer gut durchkneten. Käsekugeln formen und in dem geriebenen Schwarzbrot rollen. Kümmel über Nacht im Kümmelschnaps quellen lassen, danach mit dem Speisesirup vermischen. Alles zusammen auf Tellern anrichten, mit Schnittlauch und Radieschenblättern garnieren.

Dazu passt Schwarzbrot und ein frisches herbes Bier.

L

Lavendel

(Lavandula angustifolia L.)

In der Küche: Lavendel nur sparsam verwenden. Zusammen mit Dill, Bohnenkraut und Salbei für eine Kräuterbutter. Beim sommerlichen Grillen geben ein paar Zweige auf der Glut starke Aromen frei. Die jungen Spitzen der Blätter bei Suppen, mediterranen Eintöpfen, Fisch und Geflügel mitkochen lassen, aber vor dem Servieren entfernen. Die frischen Blüten kann man auch kandieren. In der arabischen Küche ist Lavendel Bestandteil der am häufigsten verwendeten Kräutermischungen.

Sorten: Unterschieden wird zwischen dem winterharten Officinalis-Lavendel und dem schnellwüchsigen provenzalischen Lavandin-Lavendel, der aromatischer ist und schneller wächst.

Geschmack: Provence-Lavendel ist sehr aromatisch, mit kkleeartigem Duft, auch leicht süßlich und sehr intensiv.

Verwendung: Frische Blätter für Salate, getrocknete Blüten für Süßspeisen

Aussehen: Spitze, oft auch silbrige grüne Blätter, dunkelviolette Blüten, Pflanze wird bis zu 60 cm hoch.

Herkunft: Die wogenden Lavendelfelder der Provence mit ihrem betäubenden Duft sind jedem Frankreichreisenden unvergesslich. In unseren Breiten wurde Lavendel angeblich von Mönchen aus dem Mittelmeerraum über die Alpen gebracht.

Anbau: Braucht viel Sonne und kalkhaltigen Boden.

Saison: Blüht bei uns zwischen Juni und September.

Wirkung: Hilft gegen Depressionen und Angstzustände, getrockneter Lavendel in kleinen Leinensäckchen vertreibt den Muff aus den Wäscheschränken.

Tipp: Beim Frankreich-Trip den einzigartigen Lavendel-Honig mitbringen!

Ziegenkäse
mit Lauch und Lavendel

Zutaten für 4 Portionen

2 grüne Frühlingslauchstangen
1 EL Butter
150 g Ziegenfrischkäse
8 Scheiben luftgetrockneter Schinken z.B. Serrano)
Olivenöl zum Braten
2 Zweige Lavendel

Zubereitung:

Vom Lauch nur das Hellgrüne nehmen, waschen, putzen, in Stücke schneiden und in der Butter andünsten. Aus dem Käse 8 talergroße Würfel formen und mit Schinken kreuzweise umwickeln. Olivenöl in der Pfanne erhitzen, Lavendelzweige dazugeben und die Käsetaler kurz anbraten. Auf Tellern jeweils Lauch zu kleinen Häufchen formen, Käsewürfel darauf setzen, mit Lavendelzweigen garnieren und servieren.

Liebstöckel

(Levisticum officinale L.)

In der Küche: Jede kräftige Suppe auf Fleisch- oder Gemüsebasis gewinnt mit Liebstöckel. Passt aber auch zu Hammel- braten. Quark und Salate bekommen ein rundes sattes Aroma.

Sorten: Nur eine Sorte bekannt.

Geschmack: Zu Unrecht als »Maggi-Kraut« diffamiert, schmeckt intensiv würzig und stark nach Sellerie.

Verwendung: Frische Blätter, Stängel und Wurzeln können ebenfalls mitgekocht werden, getrocknete Liebstöckelblätter sind kein Geschmackserlebnis.

Aussehen: Wird bis zu 2 m hoch, mit dunkelgrünen, großflächigen Blättern, ähneln Sellerieblättern.

Herkunft: Stammt aus Ligurien, hat sich bis Persien ausgebreitet, wächst wild und wird in Frankreich für die Parfümherstellung angebaut.

Anbau: Die Liebstöckelpflanze kann bis zu zehn Jahre alt werden, breitet sich stark aus und braucht feuchten Boden.

Saison: Blüte zwischen Juli und August, Blätter vorher ernten, sonst werden sie bitter.

Wirkung: Krampflösend und wirksam gegen Infektionen.

Tipp: Die getrockneten Samen schmecken gut als Brotzusatz.

Großer Suppentopf

Zutaten für 6 Portionen

600 g mageres Rindfleisch
250 g Rinderhaxe
1 Bund Suppengrün
2 Stängel Liebstöckel
1 Zweig Thymian
1 Lorbeerblatt
1 Zwiebel mit 2 Nelken gespickt
Salz

Zubereitung:

Das Fleisch und die Haxe mit 3 L Wasser zum Kochen bringen und abschäumen. Das geputzte Gemüse, die Kräuter und Gewürze sowie die Zwiebel dazugeben und 3 Std. köcheln lassen. Leicht salzen. Zum Schluss die Brühe durch ein Sieb gießen.

Dieser Fond ist der Grundstock für Saucen und Suppen. Am besten portionieren und einfrieren.

Löwenzahn

(Taraxacum officinale sativum L.)

In der Küche: Würzt frischen Salat mit seinen feinen Bitterstoffen. Unsere französischen Nachbarn sind ganz wild auf Löwenzahn, lieben ihn aber hellgelb und nicht wild, weshalb sie ihn im Dunkeln kultivieren. Sie servieren die Blätter auch frittiert. In Süddeutschland bereitet man ihn mit einer klassischen Essig-Öl-Marinade und ausgelassenem, noch warmem Schinken oder Speck. zu.

Sorten: Wild oder kultiviert, heißt auch Kuhblume, Kettenblume, Pusteblume.

Geschmack: Bemerkenswert zartbitter, die geschlossenen Knospen erinnern gebraten an Pilze, die Wurzeln sind recht bitter.

Verwendung: Blätter, Wurzeln und Blütenblätter, auch die festen Knospen. Am besten frisch von einer nicht genutzten Wiese, nicht vom eigenen Rasen.

Aussehen: Dunkelgrüne Pflanze mit knallgelben Blüten.

Herkunft: Heute zu Unrecht als Unkraut herabgewürdigt, wurde Löwenzahn im 16. Jahrhundert als Arzneikraut verwendet.

Anbau: Wie im wirklichen Leben: die Wilden sind die Besten.

Saison: März bis Mai.

Wirkung: Enthält viel Eisen, harntreibend

Tipp: Bei uns schmeckt er am besten frisch von der Wiese gepflückt, diese sollte aber nicht von Tieren beweidet werden und nicht in der Nähe einer Autostraße liegen – wegen der schädlichen Abgase.

Glasierter Löwenzahn

Zutaten für 4 Portionen

12 Löwenzahnherz
(das Innere der Pflanze)
60 g Butter
Saft von 1 Orange
Zucker
Salz
schwarzer Pfeffer, grob gemahlen

Zubereitung:

Den Backofen auf 220° vorheizen. Die Löwenzahnherzen waschen und tropfnass in eine feuerfeste Auflaufform geben. Butterflöckchen darauf verteilen, Orangensaft angießen und mit den Gewürzen abschmecken. Im Backofen (Mitte, Umluft 200°) 15 Min. garen. Passt zu gedünstetem Fisch und kurz gebratenem Fleisch.

L

Lorbeer

(Laurus nobilis L.)

In der Küche: Suppen und Fonds immer mit Lorbeer kochen, der dann vor dem Servieren entfernt werden sollte. Marinaden schmecken ohne Lorbeer nicht. Große Braten, die lange vor sich hinschmurgeln sollen, brauchen Lorbeer. Für alle säuerlichen Gemüse wie Rotkohl und Sauerkraut ist Lorbeer Pflicht.

Sorten: Laurus azorica kommt auf den Kanaren vor, Laurus nobilis ist auch bei uns heimisch, davon gibt es die Varianten Angusfolia und Aurea.

Geschmack: Sehr intensiv, etwas herb, aromatisch.

Verwendung: Frische grüne und getrocknete Blätter, getrocknet dürfen sie nicht braun und damit zu alt sein, auch pulverisiert erhältlich.

Aussehen: Immergrüner kleiner Strauch mit lederartigen Blättern, wird jahrhundertealt.

Herkunft: Mittelmeerländer und Schwarzes Meer.

Anbau: Problemlose Hauspflanze, verträgt sogar winterliche Temperaturen bis minus 10° Grad.

Saison: Die Blätter erst nach einem Jahr ernten.

Wirkung: Gegen Appetitlosigkeit und Koliken.

Tipp: Vor Licht geschützt aufbewahren.

Geschichte: Der römische Kaiser Tiberius, gefürchtet von seinen Untertanen, aber sonst ein vorsichtiger Zeitgenosse, trug bei Gewitter immer einen Lorbeerkranz, denn die Römer glaubten an die blitzabweisende Wirkung von Lorbeer.

Lorbeer-Käse

Zutaten für 4 Portionen

250 g frischer Schafskäse
250 g Frischkäse
Salz und Pfeffer
12 Lorbeerblätter
¼ l trockener Weißwein
Holzspieße

Zubereitung:

Die beiden Käsesorten mit der Gabel gut vermischen, salzen, pfeffern und zu einer flachen Kugel formen. Die Lorbeerblätter im Wein weich kochen. Die Blätter mit den Holzspießen an der Käsekugel feststecken. Mit einem Mulltuch fest umwickeln. In ein passendes Keramikgefäß legen und mit dem abgekühlten Wein übergießen. Zugedeckt 24 Std. im Kühlschrank ruhen lassen. Zum Servieren aus dem Mulltuch wickeln und die Holzspieße entfernen. Der Lorbeer-Käse ist ideal für eine Brotzeit. Servieren Sie einen frischen Weisswein dazu.

M

Majoran

(Origanum majorana L.)

In der Küche: Majoran für kräftige Suppen und Eintöpfe (für Erbsensuppe ein Must), fast alle deutschen Würste werden mit Majoran gewürzt. besonders lecker zu Bratkartoffeln. Passt gut zu Schweinefleisch und fettem Geflügel.

Sorten: Arabischer Majoran, Goldmajoran (nicht für die Küche), winterfester Majoran.

Geschmack: Kräftig und würzig.

Verwendung: Frischen Majoran erst zum Schluß dazugeben, getrockneter Majoran kann immer mitkochen, aber nicht zu lange.

Aussehen: Die Pflanze wird bis zu 60 cm hoch, hat grüne rundliche Blätter und meist weiße Blüten.

Herkunft: Vermutlich östlicher Mittelmeerraum, heute in ganz Europa, Russland, Nordafrika und Ägypten kultiviert.

Anbau: Braucht lockeren Boden, ist winterhart.

Saison: Kann das ganze Jahr abgeerntet werden.

Wirkung: Die Blätter enthalten viele ätherische Öle, sie wirken nervenberuhigend, verdauungsfördernd und krampflösend. Majoran wird auch eine erotisierende Wirkung nachgesagt. Sokrates schrieb bereits im Jahre 250 v. Chr. » ... in der Wirkung herrlich ... doch besonders für die niederkommenden Frauen dienlich!«

Bratkartoffeln
mit Majoran

Zutaten für 4 Portionen

500 g fest kochende Kartoffeln
4 EL Olivenöl
Salz und Pfeffer
½ in Scheiben geschnittene Zwiebel
300 ml Balsamessig
1 Zweig Majoran
2 in Scheiben geschnittene Tomaten
1 EL gehackte Petersilie
1 EL gezupfter Majoran

Zubereitung:

Die Kartoffeln gründlich abbürsten und ungeschält in Scheiben schneiden. 2 EL Öl in einer Pfanne erhitzen und darin die Kartoffelscheiben anbraten. Salzen und pfeffern. Den Backofen auf 200° vorheizen. Die Zwiebelscheiben in einer kleinen Pfanne in 1 EL Öl anbraten. Den Essig in einen Bräter gießen und 5 Min. einkochen lassen. Kartoffeln, Zwiebeln und Majoran hinzufügen und 12 Min. im Backofen (Mitte, Umluft 175°) braten. Herausnehmen, mit 1 EL Öl beträufeln und die Tomatenscheiben dazugeben.
Mit Petersilie und Majoran bestreuen, noch warm servieren.

M

Melisse

(Melissa officinalis L.)

In der Küche: Die jungen Blätter aromatisieren Suppen, Salate, Saucen, Fischgerichte. Joghurt und anderen Milchprodukten geben sie einen erfrischenden Geschmack. Melisse verfeinert Marmeladen und Süßspeisen. Sie kann als Ersatz für Zitrone verwendet werden. Sehr geeignet für Kräutertees.

Sorten: Zitronenmelisse (zum Würzen), Moldavische Melisse (wächst sehr schnell), Weiße Melisse (am besten für Tee), Kreta-Melisse.

Geschmack: Leicht nach Zitrone, ein wenig bitter, aber erfrischend.

Verwendung: Nur die grünen fein gehackten Blätter (Zitronenmelisse), getrocknet ist nur die Weiße Melisse verwendbar, die anderen Sorten verlieren stark an Aroma.

Aussehen: Melisse wird bis zum 1 m hoch, hat grüne herzförmige Blätter.

Herkunft: Aus dem östlichen Mittelmeerraum, arabische Kaufleute brachten die Pflanze nach Spanien, sie wurde bei uns in Klostergärten als Heilpflanze kultiviert.

Anbau: Wächst am besten auf feuchten Böden, muss viel gegossen werden.

Saison: Ernte am besten kurz vor der Blütezeit.

Wirkung: Tees mit Weißer Melisse wirken sehr entspannend.

Tipp: Drei interessante Getränke verdanken wir der Melisse: Die weltberühmten Liköre Chartreuse und Benedictine, gerne nach einem schweren Essen genossen, und der legendäre Melissengeist, der im 16. Jahrhundert von Mönchen erfunden wurde und sich bis heute vermutlich wegen seines 79 prozentigen Alkoholanteils großer Beliebtheit erfreut.

Jakobsmuscheln
mit Zitronenmelisse

Zutaten für 6 Portionen

6 frische Jakobsmuscheln
2 Möhren

Für die Sauce:
2 EL Currypaste
(aus dem Asia-Shop)
2 Blätter Zitronenmelisse
8 cl frisch gepresster
Orangensaft
0,1 l Champagner
100 g Butter
Sake (jap. Reiswein)
Salz

Zubereitung:
Die Jakobsmuscheln auslösen, den roten Corail entfernen und abspülen. Die Möhren in Juliennestreifen schneiden. Muscheln und Möhren im Dampf garen und das Kochwasser (Muschelfond) nicht abgießen, sondern beiseite stellen.
Für die Sauce die Currypaste mit der Zitronenmelisse anschwitzen. Mit Orangensaft und Champagner ablöschen, vom Muschelfond 300 ml abmessen und dazugießen. Die Sauce auf ein Viertel einkochen lassen. Dann die kalte Butter mit dem Schneebesen unterrühren, die Sauce mit Sake und Salz abschmecken. Dazu passt Wildreis.

M

Minze

(Mentha species L.)

In der Küche: Ohne ihre geliebte grüne Minzsauce haben unsere englischen Nachbarn an ihrem Lammfleisch wenig Freude. Neue Kartoffeln schmecken mit frischen Minzeblättern, aber auch anderes Gemüse (beispielsweise Erbsen), Geflügel und Fleisch sowie alle frischen Salate. Im Obstsalat und in Süßspeisen setzen sie einen erfrischenden Akzent. Seit einigen Jahren gehört Minze zur Standard-Garnitur von Desserts – vor allem bei jungen Profiköchen. Bei Mixgetränken gehört ein Minzeblättchen einfach dazu.

Sorten: Drei Gruppen: die erste, wie zum Beispiel Ananasminze besitzt viel Menthol, die zweite, wie Orangenminze verfügt über einen geringen Mentholanteil, zur dritten Gruppe gehört beispielsweise die Marokkanische Minze. Zur ersten Gruppe gehört auch die Kaugummi-Sorte Spearmint.

Geschmack: Nach Menthol oder nach Kümmel – je nach Sorte mehr oder weniger stark.

Verwendung: Nur die grünen Blätter, frisch oder getrocknet.

Aussehen: Sehr unterschiedlich – je nach Sorte, die Pflanze wird ca. 50 cm hoch mit grünen kräftigen Blättern.

Herkunft: Seit dem 9. Jahrhundert in Europa heimisch.

Anbau: Braucht viel Wasser, nicht zu eng pflanzen, da die Wurzeln sich schnell ausbreiten.

Saison: Das ganze Jahr über.

Wirkung: Enthält viele ätherische Öle, bei einigen Sorten herrscht Menthol vor.

Tipp: Im Orient ist es Brauch, die Gäste mit einem Glas warmem und sehr stark gesüßtem Pfefferminztee zu begrüßen.

Minze-Eis
mit Schokolade

Zutaten für 4 Portionen

1 Bund Minze
3 EL Zucker
300 g eisgekühlte Sahne
2 cl Minzlikör
1 Eiweiß
40 g Schokolade

Zubereitung:
Die Minzeblätter abspülen, trockentupfen, einige Blätter für die Dekoration beiseite legen. Die restlichen Blätter im Mixer pürieren. Den Zucker dazugeben. Die Sahne mit der Hälfte des Minzzuckers und mit dem Minzlikör verrühren. Das Eiweiß steif schlagen, mit dem restlichen Minzzucker verrühren und unter die Sahne heben. Im Gefrierfach 30 Min. anfrieren lassen, gelegentlich umrühren. Die Schokolade im Wasserbad schmelzen. Das Eis aus dem Gefrierfach nehmen, die geschmolzene Schokolade in einem dünnen Strahl darüber träufeln. Das Eis zurück ins Gefrierfach geben und nicht ganz fest werden lassen. Zum Servieren in hohe Gläser füllen und mit den Minzeblättern dekorieren.

O

Oregano

(Origanum vulgare L.)

In der Küche: Die südliche und »wilde« Verwandte des Majorans kräftigt die klassische italienische Tomatensauce und ist für eine knusprige Pizza absolut notwendig. Gibt Salaten ein würziges Aroma. Die italienische Nationalsuppe Minestrone wird fast immer mit Oregano abgeschmeckt. Oregano wird auch zum Brotbacken verwendet. Italienische Vorspeisen wie eingelegte Tomaten und Auberginen würzt man mit Oregano.

Sorten: Mexikanischer Oregano (höllenscharf), Griechischer Oregano gern für die italienische Pizza.

Geschmack: Würzig und scharf.

Verwendung: Die frischen Blätter und Blüten, auch getrocknet noch intensiv, besonders die Blüten.

Aussehen: Die Pflanze wird bis zu 90 cm hoch. Runde, geriffelte grüne Blätter mit kleinen violetten oder weißen Blüten.

Herkunft: Europa und mittlerer Osten, Hauptanbaugebiete sind die mediterranen Länder, aber auch Mexico.

Anbau: Braucht trockenen, kalkhaltigen Boden und volle Sonne, winterhart.

Saison: Ernte während des ganzen Jahres

Wirkung: Lindert Halsentzündungen und Husten. Das Öl wird für Kosmetika verwendet.

Tipp: Oregano ist manchmal auch als eine Mischung verschiedener mediterraner Kräuter im Handel.

Kalbsfilet
mit Oregano-Tomaten

Zutaten für 4 Portionen

10 reife Tomaten
2 EL Olivenöl
1 geschälte Knoblauchzehe
1 TL gehackter Oregano
100 g entkernte schwarze geviertelte Oliven
4 Kalbsfilets à 125 g
Salz und Pfeffer

Zubereitung:
Die Tomaten im Wasserbad enthäuten, entkernen und das Fruchtfleisch würfeln. 1 EL Öl mit Knoblauch und Oregano in der Pfanne erhitzen, die Tomatenwürfel dazugeben und bei milder Hitze dünsten. Zum Schluss die Olivenviertel dazugeben. Die Kalbsfilets mit Salz und Pfeffer würzen. In einer Pfanne das restliche Öl erhitzen, die Filets von jeder Seite 2 Min. anbraten. Mit dem Oregano-Tomaten-Gemüse servieren.

P

Parakresse

(Spilanthes oleracea)

In der Küche: Ein ungewohnt prickelnden Geschmack hat dieses jüngst von der Gourmetküche wiederentdeckte Kraut. Es erinnert geschmacklich an Brausepulver mit einem starken Aroma. Für Salate geeignet, aber auch gekocht als Gemüse.

Sorten: Diese Sorte stammt aus dem afrikanischen Staat Kenia, andere Arten stammen aus Brasilien und wurden nach der Provinz Para benannt.

Geschmack: Selbst gekocht als Gemüse behält es seinen Brizzle-Geschmack.

Verwendung: Außer in der Küche wird es auch als Extrakt in vielen Kosmetika verwendet.

Aussehen: Gelbe kleine Blüten , kleine grüne Blätter – auch als Tellerdekoration geeignet.

Herkunft: In Brasilien heißt das Kraut auch Jambu.

Anbau: Gut geeignet für Töpfe und Kübel, eine dekorative Pflanze mit überhängenden Zweigen.

Saison: Die Blüten halten sich fast das ganze Jahr.

Wirkung: Das Konzentrat entspannt die Haut und glättet die Oberfläche.

Tipp: Unbedingt im nächsten Frühjahr ausprobieren.

Kabeljau in Tomaten-Parakresse-Vinaigrette

mit toskanischem Kartoffelpüree

Zutaten für 4 Portionen

600 g Kabeljaufilet mit Haut
Olivenöl zum Braten

Für die Vinaigrette:
300 g Tomaten
1 Zitrone
125 ml Olivenöl
Pfeffer, Salz, Zucker
2 EL Kapern
2 EL gehackte Parakresse
1 El gehackter Estragon

Für die Kartoffelpüree:
500 g weichkochende Kartoffeln
½ Zitrone
125 ml Olivenöl
1 ½ El Creme fraiche

Zubereitung:

Fischfilet in vier Stücke schneiden und in der Pfanne mit Olivenöl auf der Hautseite ca. 10 Minuten braten. Für die Vinaigrette Tomaten enthäuten, entkernen und würfeln. Zitrone auspressen und mit dem Saft, Olivenöl, Pfeffer, Salz und Zucker zu einer Vinaigrette aufschlagen. Dann Kapern, Petersilie und Estragon dazugeben. Für das Püree die Kartoffeln weichkochen und zerstampfen. Zitronenhälfte auspressen. Den Saft, Olivenöl, Creme fraiche, Pfeffer, Salz, Zucker, unterziehen und zu einem lockeren Püree verrühren.

P

Perilla
(Perilla frutescens L.)

In der Küche: In der japanischen Küche hat Perilla, dort Shiso genannt, eine große Bedeutung, vor allem bei der Sushi-Zubereitung. Man macht Pesto aus den Blättern und verwendet sie als Würze für Eingelegtes.

Sorten: Es gibt diverse Sorten, ähnlich zahlreich wie bei Basilikum.

Geschmack: Erinnert an Kreuzkümmel, die rote Sorte Shiso erinnert an Kresse und Minze.

Verwendung: Für Sushi und Co. In Korea werden die Blätter als Salat zubereitet.

Aussehen: Kleine weiße Blüten, kleine Blätter (Shiso).

Herkunft: China, Japan, Korea.

Anbau: Einjährige Pflanzen, können eine Höhe von 60 cm erreichen, gedeiht im Garten in halbschattigen Lagen.

Saison: Die Blütenbildung beginnt im Frühherbst, nicht frosttauglich.

Wirkung: Das Kraut wird gegen Übelkeit verwendet, das Öl wird allgemein wegen seiner positiven gesundheitlichen Wirkung benutzt.

Tipp: Als Heilkraut wirkt es gegen Erkältungen.

Green Roll

mit Perilla und Spicy tuna

Zutaten für 4 Portionen

4 Blatt Reispapier (runde, hauchdünne Blätter aus Reismehl)
40 g Perilla (Shiso)
70 g Daikon-Rettich
70 g Möhre
½ rote Paprika
70 g Thunfischfilet
Salz, Chilisauce,
Sojasauce als Dip

Zubereitung:

Perilla waschen, trockentupfen und hacken. Daikon-Rettich und Möhre schälen, in feine Streifen raspeln. Paprika in Streifen schneiden. Thunfischfilet waschen, trockentupfen und fein hacken. Mit den Zutaten gut vermischen. Mit Salz und Chillisauce nach Geschmack würzen. Nacheinander je ein Blatt Reispapier vollständig für ca. 3 Sekunden in kaltes Wasser tauchen (Packungsanweisung beachten). Das nasse Reispapier abtropfen lassen und für einige Sekunden auf der Arbeitsfläche liegend flexibel werden lassen. Vorbereitete Zutaten portionsweise fast mittig auf dem Reisblatt verteilen, straff ausrollen, dabei die Seiten rechts und links mit einschlagen. Rollen in Scheiben schneiden und servieren. Dazu Sojasauce reichen.

S

Peruanischer Sauerklee

(Oxalis tuberosa L.)

In der Küche: Ergibt einen leicht säuerlichen Salat aus den grünen Blättern. Aus den roten kleingeschnittenen Stängeln kann man einen wunderbaren Tee bereiten, der eine leicht rosa Färbung bekommt.

Sorten: Die deutsche Verwandte ist der Sauerklee, hat aber nicht so rote Stängel.

Geschmack: Schmeckt saurer als Sauerampfer.

Verwendung: Als Salat oder in der Suppe.

Aussehen: Große runde Blätter mit weicher Behaarung.

Herkunft: Andenregion in Südamerika.

Anbau: Robuste Pflanze, bei Trockenheit falten sich die großen Blätter zusammen.

Saison: Weltweit in Gärtnereien als Zierpflanze gezogen, können die Blätter in der Küche verwendet werden.

Wirkung: Säuert nicht so stark wie Zitrone.

Tipp: In Peru nutzt man auch die Knollen in der Küche.

Sauerkleesuppe
mit Sesamzander

Zutaten für 4 Portionen

4 kleine Zandertranchen
mit Haut je ca. 30-40 g
gerösteter Sesam
200 ml kräftige
Gemüsebrühe

200 ml Schmand
2 EL gehackter
peruanischer Sauerklee
feine Gemüsejulienne
Frischer Sauerklee

Zubereitung:

Die Gemüsejulienne in Butter anschwitzen und mit einer kräftigen Gemüse- oder Fischbrühe auffüllen.
In einem anderen Topf die Küchencreme mit dem Sauerklee köcheln, bis etwas Bindung vorliegt und ein dezentes aber deutliches Aroma vorliegt.
Die aromatisierte Sahne zwecks Farbgebung mit etwas püriertem, blanchiertem Sauerampfer, Sauerklee und ein bis zwei Stückchen kalter Knoblauchbutter mit dem Handmixer aufschlagen und durch ein Passiersieb zur Brühe geben.
Den gewürzten Zander auf der Hautseite kross braten, mit etwas geklärter Butter bestreichen, mit dem gerösteten Sesam bestreuen und unter dem Grill kurz nachbraten.
Die Zanderstücke in die Suppe geben und die Suppe unmittelbar vor dem Servieren mit Sauerkleeblättern garnieren.

P

Petersilie

(Petroselinum crispum L.)

In der Küche: Das beliebteste und wichtigste Kraut in Deutschlands Küchen. Man kann es für fast alles verwenden. Petersilie ist ein Träger für alle grünen Saucen, würzt Quark und Kräuterbutter, Suppen und Eierspeisen ebenso wie Gemüsegerichte und Fleisch und Fisch – ein echter Alleskönner.

Sorten: Glatte und krause Petersilie.

Geschmack: Glatte Petersilie schmeckt intensiver, leicht pfeffrig und frisch, mit feinerem Aroma als die krause.

Verwendung: Glatte Petersilie mehr als Würzmittel, krause Petersilie eher zum Garnieren. Wenn möglich, nur frisch verwenden. Petersilie ist das ganze Jahr über problemlos erhältlich.

Aussehen: Dünne Stängel mit glatten oder krausen Blättern.

Herkunft: Seit über 2000 Jahren bekannt, stammt aus dem Mittelmeerraum, angeblich aus Sardinien. Heute in der ganzen Welt verbreitet.

Anbau: Problemlose Pflanze, braucht viel Wasser und jedes Jahr einen neuen Standort im Garten.

Saison: April bis Dezember.

Wirkung: Enthält viel Vitamin A und C.

Tipp: Wenn Sie eine Fleischbrühe kochen oder einen Fond zubereiten, sollten Sie unbedingt Petersilienwurzeln dazugeben – sie würzen ungemein.

Petersiliensauce

Zutaten für 4 Portionen

100 g abgezupfte glatte Petersilienblätter
130 g Butter
400 ml Rinderfond (Rezept siehe Seite 63
je 50 g gewürfelte Möhren, Lauch und Sellerie
2 EL geschlagene Sahne
Salz und Pfeffer

Zubereitung:

Die Petersilienblätter mit 30 g Butter und 2 EL Fond im Mixer fein pürieren und durch ein Haarsieb streichen.
90 g Butter schaumig rühren, unter das Petersilienpüree heben und kalt stellen. Die Gemüsewürfel mit der restlichen Butter kurz andünsten, mit Fond ablöschen und auf die Hälfte einkochen. Die Hitze reduzieren und die Petersilienbutter mit dem Schneebesen nach und nach unterrühren. Sanft köcheln lassen, die Sahne unterziehen, Sauce mit Salz und Pfeffer abschmecken. Dazu passen frische Erbsen und Wurzeln, außerdem verschiedene luftgetrocknete Schinkensorten wie Serrano, Pata negra oder San Daniele.

P

Pfeffergewächs

(Piper auritum L.)

In der Küche: Mit den großen Blättern können Geflügel und Braten umwickelt und dann im Ofen gegart werden. Das Fleisch erhält eine ungewöhnliche, pfefferartige Note. Die Blätter werden auch wie Spinat als Gemüse verarbeitet. Ebenso als Salat geeignet.

Sorten: Hoja Santa, Thailändisches Pfefferblatt (für Pfannengerichte), Matico-Pfeffer (Aphrodisiakum), Betel-Pfeffer, Schwarzer Pfeffer.

Geschmack: Aufregend pfefferig.

Verwendung: Nur die Blätter, aber als Salat sollten sie klein geschnitten werden, da die Blattoberfläche fein behaart ist.

Aussehen: Große ausladende Blätter, die Pflanze kann sehr in die Breite gehen und bedeckt dann bis zu 3 qm. In ihrer Heimat wächst Hoja Santa 3 m hoch.

Herkunft: Aus Südmexiko.

Anbau: Kann als attraktive Kübelpflanze gezogen werden, die auch kühlere Temperaturen verträgt.

Saison: Das ganze Jahr über.

Wirkung: Am Rio Indio in Zentralpanama verwenden die Fischer Hoja-Santa-Blätter als Köder. Die Fische lieben offenbar deren ätherische Öle.

Tipp: Eine kulinarische Neuentdeckung, erste Experimente schmeckten vielversprechend. Hoja Santa hält vermutlich für engagierte Hobbyköche noch einige Überraschungen bereit. Vor allem die mexikanische Küche verwendet dieses interessante Kraut.

Huhn im **Hoja-Santa-Blatt**

Zutaten für 4 Portionen

1 küchenfertiges großes Hähnchen (ca. 1,5 kg)
2 EL Salz
je 1 Zweig Oregano
Thymian
Rosmarin
2 EL klein geschnittene Hoja-Santa-Blätter
6 große Hoja-Santa-Blätter
2 EL Suppengemüse, geputzt, klein geschnitten
2 EL Butter
200 ml Geflügelfond
4 cl trockener Wermut (Noilly Prat)
100 g Sahne

Zubereitung:

Das Hähnchen innen und außen salzen, die Kräuterzweige und die klein geschnittenen Hoja-Santa-Blätter in das Hähnchen geben. Mit den großen Hoja-Santa-Blättern einwickeln und mit Küchengarn befestigen. Den Backofen auf 200° vorheizen. Das Huhn in einen Bräter geben, mit dem Suppengemüse umlegen und die Butter in Flöckchen darüber verteilen. Geflügelfond und die Hälfte des Wermuts dazugießen. Das Hähnchen im Backofen (Mitte, Umluft 175°) 45 Min. garen, dann Hoja-Santa-Blätter und das Küchengarn entfernen. Den Bratenfond durch ein Sieb gießen, den Rest Wermut und die Sahne dazugeben und auf die Hälfte einkochen lassen. Inzwischen das Hähnchen 15 Min. unter dem Backofengrill knusprig braun grillen. Die Sauce abschmecken und zusammen mit dem Hähnchen servieren.

P

Pimpinelle

(Sanguisorba minor L.)

In der Küche: Junge Blätter als Salatkraut vor allem zu Gurkensalat, passt gut zu Rosmarin und Estragon. Auch zu Frischkäsezubereitungen oder geschnitten über Gemüseaufläufe gestreut. Fester Bestandteil der legendären Frankfurter Grünen Sauce.

Sorten: Keine bekannt.

Geschmack: Süßlich nussig, leichter Gurkengeschmack.

Verwendung: Junge Blätter für die Küche, getrocknete Wurzel als Heilmittel.

Aussehen: Pimpinelle wird etwa 60 cm hoch, kräftige Staude mit kleinen grünen Blättchen an verzweigten Stängeln.

Herkunft: Gehört zu den wenigen Würzkräutern aus unseren Breiten.

Anbau: Braucht viel Feuchtigkeit, sonst verlieren ihre Blätter ihren Geschmack.

Saison: Ernte das ganze Jahr über.

Wirkung: Stoffwechsel- und verdauungsfördernd. Bei Hautproblemen Pimpinellenblätter in Wasser einweichen und auf die Haut legen: heilt Pickel und lindert leichte Verbrennungen. Die Wurzeln als Aufguss zubereitet helfen bei Stoffwechselproblemen.

Tipp: Das Aroma der jungen Blätter entfaltet sich besonders nach einem kräftigen Regenschauer.

Stilton
mit Pimpinelle

Zutaten für 4 Portionen

300 g Stilton-Käse
200 ml Rotwein
(Côte du Rhône)
5 cl Portwein
½ Bund Pimpinelle

Zubereitung:
Mit einer Gabel den Käse und die Weine gut vermengen. Pimpinelle klein hacken und dazugeben. Alles 3 Tage marinieren lassen. Passt als Dip oder kleiner Zwischenimbiss.

P

Portulak

(Portulaca oleracea L.)

In der Küche: Für alle grünen Salate, würzt auch Kräutersaucen und Kräuterfrischkäse, ebenso Suppen auf Sahnebasis. Gedünstetes Gemüse wie Tomaten, Paprika, Zwiebeln bekommt durch frischen Portulak einen intensiveren Geschmack.

Sorten: Sibirischer Winterportulak (schöne Zierpflanze), Strandportulak (maritime Sorte), Sommerportulak (gut für Salate), Gelber Sommerportulak; aufrecht wachsender Portulak ist die Kultursorte, die kriechen- de ist die Wildsorte, die leichter zu ziehen ist und in Mittelmeerländern wild wächst.

Geschmack: Würzig bis salzig, erfrischend.

Verwendung: Blätter und Triebe.

Aussehen: Dicke, rundliche kleine Blätter, die Pflanze wird bis zu 50 cm hoch.

Herkunft: Als uralte Gewürzpflanze in ganz Europa verbreitet, doch wird sie inzwischen eher wegen ihrer schönen Blüten als Zierpflanze angebaut.

Anbau: Braucht leichten Gartenboden und viel Sonne.

Saison: Blütezeit zwischen Juni und September.

Wirkung: Gut gegen zu hohe Cholesterinwerte im Blut, besitzt reichlich Omega-3-Fettsäuren, der Verzehr der frischen Blätter wirkt harntreibend.

Geschichte: Im Mittelalter galt Portulak als wirksamer Schutz gegen böse Geister. Am französischen Hof kam es später bei Ludwig XIV. als Salat und Gemüse auf die königliche Tafel. Damals wurde Portulak im großen Stil angebaut, während er später in Vergessenheit geriet und zeitweilig sogar als Unkraut galt. Heute ist Portulak wieder ein geschätztes Salatkraut.

Seesaibling
mit Portulak

Zutaten für 2 Portionen

Für die Sauce:
1 EL Crème fraîche
1 EL Joghurt .
1 EL gehackte Kräuter der Saison
1 EL Schlagsahne
Zitronensaft
Sherry-Essig
Salz, Pfeffer

Für den Sud:
1 geputztes Bund Suppengrün
4 Nelken
1 Lorbeerblatt
½ l trockener Weißwein .
4 cl Apfelessig
Salz, Pfeffer und Zucker nach Geschmack

2 Seesaiblinge
100 g Portulak
Zitrone
Olivenöl
Salz und Pfeffer

Zubereitung:

Für die Sauce alle Zutaten im Mixer pürieren, durch ein Sieb streichen und die Schlagsahne unterheben. Die Sauce abschmecken und beiseite stellen. Alle Zutaten für den Sud erhitzen und abschmecken. Die Seesaiblinge darin je nach Größe 5–8 Min. ziehen lassen. Vorsichtig herausheben und filetieren. Portulak waschen, trockenschleudern und mit den Stielen auf Tellern anrichten. Mit einer Mischung aus Zitrone, Olivenöl, Salz und Pfeffer beträufeln, den Fisch darauf anrichten. Fisch mit der Sauce servieren.

R

Rosmarin

(Rosmarinus officinalis L.)

In der Küche: Ein vielseitiges Kraut, das behutsam eingesetzt werden sollte. Zweige können beim Braten oder Grillen mitgaren, sollten aber vor dem Servieren entfernt werden. Zu allem kräftig Gebratenem, gibt vielen Gerichten einen herrlich mediterranen Touch.

Sorten: Diverse Varianten, im Handel meistens nur eine Standardsorte.

Geschmack: Einzigartig kräftig und charakteristisch, kkleeartig.

Verwendung: Nur die frischen Nadeln und Zweige brechen und sofort verwenden, nicht getrocknet, die ätherischen Öle verfliegen zu schnell.

Aussehen: Unverwechselbar, Nadeln wie ein Weihnachtsbaum, kann auch in unserer Klimazone zu einem stattlichen kleinen Bäumchen heranwachsen, wird bis zu 150 cm hoch.

Herkunft: Rund ums Mittelmeer und am Schwarzen Meer verbreitet.

Anbau: Kann bei uns sogar überwintern, im Winter sollte man ihn mit Tannenzweigen gegen Frost schützen.

Saison: Spitzen und Zweige können ganzjährig geerntet werden.

Wirkung: Die Nadeln enthalten viel ätherisches Öl, deshalb appetitanregend und krampflösend.

Geschichte: Rosmarin wurde im Altertum als Pflanze der Venus geweiht, und die Römer schmückten ihre Hausaltäre damit. Rosmarin wurde dann als Gewürzkraut in den Gärten Karls des Großen angebaut. Später geriet er etwas in Verruf, weil in vielen Gegenden Trauernde Rosmarinsträußchen als Schmuck bei Beerdigungen trugen.

Rindermedaillons
mit Rosmarin

Zutaten für 4 Portionen

400 g Rinderfilet
1 TL Rosmarinnadeln
1 TL fein gehackter Knoblauch
4 TL Pflaumenwein
3 EL Worcestershiresauce
1 TL Maisstärke oder Mondamin
3 EL Öl

Zubereitung:
Das Filet in nicht zu dicke Scheiben quer zur Faser schneiden. Alle restlichen Zutaten zu einer scharfen Marinade verrühren und darin die Fleischscheiben eine Stunde lang marinieren. Eine beschichtete Pfanne erhitzen, die Medaillons in Öl von beiden Seiten anbraten. Nicht zu lange in der Pfanne lassen: Das Fleisch muss innen noch rosa sein! Dazu passt ein saftiges Kartoffelgratin.

R

Rucola

(Rucola colivata L.)

In der Küche: Der In-Salat der letzten Jahre darf in keinem mediterranen Salat fehlen. Schmeckt auch frittiert oder gebraten. Eine unentbehrliche Beilage zu kurz gebratenem Fleisch. Bei Eintöpfen und Suppen erst zum Ende der Garzeit dazugeben.

Sorten: Italienische Rauke ist die bekannteste (Rauke wird häufig auch Rucola genannt), türkische Rauke (Rettichgeschmack), Wegrauke (Kresse).

Geschmack: Nussig-würzig, je nach Saison auch ein wenig bitter.

Verwendung: Nur die Blätter für die Küche, aus den getrockneten Samen wird Öl gepresst, deshalb wird sie auch als Ölrauke bezeichnet.

Aussehen: Wird bis zu 50 cm hoch, hat grüne Blätter und winzige weißen Blüten.

Herkunft: Aus Kleinasien, wächst sogar in Afghanistan und Indien.

Anbau: Schnell wachsend, üppig sprießend, nach der Blüte sind die Blätter weniger wohlschmeckend, nicht zu viel anbauen, meist kommt auch der gierigste Salatfreund dem Wachstum der Rauke nicht hinterher.

Saison: Kann das ganze Jahr gepflückt werden.

Wirkung: Der griechische Arzt Dioskrides schrieb im 1. Jahrhundert n. Chr.: »...diese, roh und in großen Mengen verzehrt, die Fleischeslust weckt, harntreibend sind, die Verdauung verbessern und dem Bauch guttun...«.

Tipp: Rauke auch auf dem Balkon ziehen, so hat man immer frischen Salat zur Verfügung.

Mini-Pizzen
mit Rucola

Zutaten für 4 Portionen

4 mittelgroße,
reife Tomaten
150 g Mozzarella
100 g Parmaschinken
50 g Rucola
Olivenöl
Grundteig für Pizza
(Supermarkt, Kühlregal)
Salz und Pfeffer

Zubereitung:

Die Tomaten kurz mit heißem Wasser überbrühen, abschrecken, häuten, entkernen, von Stielansätzen befreien und das Fruchtfleisch klein würfeln. Den Mozzarella in feine Würfel schneiden. Den Parmaschinken in dünne Streifen schneiden. Die Rauke waschen, trockentupfen und in 2 cm breite Streifen schneiden. Das Olivenöl in einer Pfanne erhitzen. Die Hälfte der Blätter kurz durch das Öl ziehen. Die restliche Rauke beiseite stellen. Den Backofen auf 200° vorheizen. Den Teig nach der Beschreibung dünn ausrollen, sodass 8 kleine Pizzen ausgestochen werden können. Pizzen mit den Tomatenwürfeln belegen, salzen und pfeffern. Mit Schinkenstreifen bestreuen, die gebratenen Raukestreifen darauf legen und mit Mozzarella-Würfeln bestreuen. Im Backofen (Mitte, Umluft 175°) 10–15 Min. backen, bis der Käse zerläuft. Pizzen herausnehmen und vor dem Servieren die frische Rauke darüber geben.

S

Salbei

(Salvia officinalis L.)

In der Küche: Geschmacklich ein sehr dominierendes Kraut, das man deshalb sparsam verwenden sollte. Passt gut zu gegrilltem Fisch. Kann in der Pfanne mitbraten, denn im Fett entfaltet es sein Aroma besonders stark. Kann wegen seines starken Eigengeschmacks kaum mit anderen Kräutern kombiniert werden. In der italienischen Küche spickt man Schweine- und Lammbraten mit Salbeiblättern. Die Engländer würzen ihren Käse mit Salbei. Gebacken in Bierteig schmecken die Blätter auch zu Süßspeisen.

Sorten: Es gibt etwa 800 sehr unterschiedliche Arten, die teils durch ihre duftenden Blätter und hübschen Blüten auffallen. Im Handel taucht fast nur Gartensalbei auf, den es aber auch in diversen verwendbaren Unterarten gibt.

Geschmack: Streng und etwas bitter, sehr aromatisch und würzig.

Verwendung: Am besten frisch, notfalls auch getrocknet.

Aussehen: Immergrüne Staude mit bis 75 cm hohen Stängeln mit graugrünen Blättern.

Herkunft: Aus Südeuropa, gelangte zu Zeiten Karls des Großen in die Gärten Mitteuropas.

Anbau: Braucht viel Sonne, wenig Wasser und kalkigen Boden.

Saison: Blätter können mehrmals im Jahr, sogar noch im Winter geerntet werden.

Wirkung: Gut gegen Stoffwechselstörungen, entzündungshemmend und krampflösend, Salbeitee hilft bei Halsschmerzen.

Tipp: Berühmt in der italienischen Küche ist »burro e sal- via«, vor allem zu gefüllten Nudeln. Dafür frischen Salbei in Butter ziehen lassen und leicht braun braten. Die Salbeibutter über die Nudeln geben und mit Parmesan bestreuen.

Saltimbocca
alla Romana

Zutaten für 4 Portionen

50 g Butter
4 Scheiben luftgetrockneter Schinken
(zum Beispiel Parma)
4 dünne Kalbsschnitzel à 120 g
Salz und Pfeffer
frische Salbeiblätter

Zubereitung:

Butter in der Pfanne erhitzen, Schinkenscheiben kurz darin anziehen lassen und herausnehmen. Schnitzel salzen, pfeffern und in der Butter von jeder Seite nur kurz anbraten. Salbeiblätter in der Pfanne mitbraten. Die Schnitzel auf Teller legen, mit einer Schinkenscheibe bedecken, Salbeiblätter darauf setzen und mit Bratfett übergießen.

S

Sauerampfer

(Rumex acetosa L.)

In der Küche: Gibt grünem Salat eine leicht säuerliche Note, deshalb Dressing mit weniger Essig oder Zitrone abschmecken. Wunderbar zum Kräuterquark. Gibt der traditionellen Frankfurter Grünen Sauce den letzten Pfiff. Auch ein Lammbraten bekommt durch eine Sauerampfersauce eine feine Note. Als Gemüse wird Sauerampfer wie Spinat zubereitet, wobei man beim Blanchieren das erste Kochwasser abgießen sollte.

Sorten: Über 200 Ampfersorten bekannt, z.B. Sauerampfer (großblättrig), Gartenampfer, Wiesenampfer (sehr kräftig), grüner Römischer Ampfer (kleine herzförmige Blätter), »Blonde von Lyon« (große Blätter, in Frankreich sehr beliebt).

Geschmack: Säuerlich und kräftiger mit zunehmender Größe der Blätter.

Verwendung: Nur frische, grüne Blätter, zum Trocknen nicht geeignet.

Aussehen: Dunkelgrüne Blätter mit rötlichen Stielen und rot blühenden Rispen, wird je nach Sorte zwischen 30 und 150 cm hoch.

Herkunft: In Europa und Asien beheimatet, seit dem Altertum als Gartenpflanze bekannt.

Anbau: Wächst wild auf feuchten Wiesen, auch angebaut problemlos in feuchten Bereichen, verträgt sich nicht mit Estragon.

Saison: Ab Mai, mit zunehmendem Alter und Größe immer kräftiger im Geschmack.

Wirkung: Appetitanregend, blutreinigend, als Tee aufgegossen gut für die Leber – altes Indianerheilmittel!

Achtung: Wegen des großen Anteils an Oxalsäure ist Wiesenampfer für Nierenkranke mit Vorsicht zu genießen.

Französische **Sauerampfersuppe**

Zutaten für 4 Portionen

5 Hand voll frische Sauerampferblätter
40 g Butter
1 gehackte Schalotte
½ gehackte weiße Lauchstange
1 gehackte Zwiebel
2 geschälte, in Scheiben geschnittene Kartoffeln
1 l Geflügelfond (ersatzweise Instant-Geflügelbrühe)
1 EL frischer Thymyian,
Salz, Pfeffer
1 Prise Cayennepfeffer
2 TL gehackter frischer Majoran
je 2 TL gehackte Petersilie und Dill
150 g Erbsen (tiefgekühlt),
Muskatnuss

Zubereitung:

Die Sauerampferblätter in der Mitte zusammenfalten und die Mittelrippe abschneiden. Die Blätter in Streifen schneiden und beiseite legen. In einem großen Topf die Butter erhitzen und darin die Schalotte, Lauch und Zwiebel goldgelb andünsten. Dann nach und nach die Sauerampferblätter dazugeben, bis sie zusammenfallen und ihre hellgrüne Farbe verloren haben. Die Kartoffeln dazugeben, den Geflügelfond angießen. Thymian und Gewürze hineingeben. Alles aufkochen und 20 Min. simmern lassen. Dann die Kräuter und die Erbsen dazugeben. 10 Min. weiterköcheln lassen. Etwas abkühlen lassen und mit dem Pürierstab pürieren. Wieder erwärmen und mit geriebener Muskatnuss abschmecken.

S

Schnittlauch

(Allium schoenoprasum L.)

In der Küche: Darf in keiner Kräuterauswahl fehlen. Am besten zu allen Quark- und Frischkäsezubereitungen. Marinaden und Salatsaucen kann man mit den kleinen grünen Ringen herrlich würzen.

Geschmack: Intensiv »grün«, milder als Zwiebel und Knoblauch, aber eine Geschmacksverwandtschaft lässt sich nicht leugnen. Ältere Pflanzen haben oft sehr dicke Röhren, die scharf schmecken können.

Verwendung: Frisch am besten, im Notfall auch tiefgekühlt. Schmeckt getrocknet nicht. Frischen Schnittlauch in kleine Röllchen schneiden und Speisen damit dekorieren.

Aussehen: Kleine Pflanze, die sich ordentlich ausbreiten kann, mit hübschen violetten Blüten, die ebenfalls als essbare Garnierung verwendet werden können.

Herkunft: In Europa wächst er auch wild, stammt aus dem arktischen Teil Eurasiens.

Anbau: Lässt sich prima auf dem Balkon züchten, regelmäßiges Ernten kräftigt die Pflanze.

Saison: Ernte das ganze Jahr über.

Wirkung: Enthält viel Vitamin C, Phosphor und ätherische Öle, wirkt verdauungsfördernd und blutdrucksenkend.

Tipp: Für den Hobbykoch ein unentbehrlicher Freund in der Küche, den es das ganze Jahr über frisch zu kaufen gibt. Nach der Petersilie vermutlich das beliebteste deutsche Küchenkraut.

Kalbstafelspitz
auf Schnittlauchrahm

(Ein Rezept von Sterne-Koch Dirk Lässig, Hotel Strandhörn, Wenningstedt/Sylt)

Zutaten für 4 Portionen

2 Lauchstangen
3 Möhren
4 Stangen Staudensellerie
1,6 kg Tafelspitz vom Kalb
2 Lorbeerblätter
Salz und Pfeffer
100 g Butter
1 TL Kartoffelstärke nach Belieben
2 Bund Schnittlauch
1 fein gewürfelte Zwiebel
500 g frische Erbsen (ersatzweise tiefgekühlt)
Zucker

Zubereitung:

Gemüse waschen, putzen und in grobe Stücke schneiden. Zusammen mit dem Fleisch, den Lorbeerblättern, Salz und Pfeffer in 5 l Wasser mindestens 2 Std. kochen, bis das Fleisch gar ist. Das Fleisch herausnehmen und abkühlen lassen. 300 ml Brühe beiseite stellen. Den Fond bei starker Hitze auf 0,7 l einkochen lassen, dann mit 50 g Butter zu einer Sauce aufmontieren. Nach Belieben mit der Kartoffelstärke binden. Schnittlauch in Röllchen schneiden und in die Sauce geben. Die Zwiebelwürfel in der restlichen Butter anschwitzen. Die Erbsen mit dem zurückgestellten Fond dazugeben und gar köcheln lassen. Mit Salz und 1 Prise Zucker abschmecken. Die Erbsen mit dem Pürierstab pürieren und durch ein Sieb streichen. Den Tafelspitz in dünne Scheiben schneiden, auf Tellern anrichten, die Sauce darüber geben und mit dem Erbspüree servieren.

S

Schnitt-Sellerie

(Apium graveolens L.)

In der Küche: Die Blätter werden als Suppengewürz verwendet. Außerdem für Salate und Quarkzubereitungen.

Sorten: Schnittsellerie bildet im Gegensatz zum Knollensellerie keine Knolle.

Geschmack: Erinnert stark an Stangensellerie.

Verwendung: Nur die Blätter.

Aussehen: Wie krause Petersilie.

Herkunft: Die Küsten von Südeuropa.

Anbau: Im zweiten Anbaujahr entwickeln sich wohlschmeckende Selleriesamen, die sich für Kräutersalze verwenden lassen.

Saison: Fast das ganze Jahr.

Wirkung: Die chinesische Variante Cassia tora hat sich als Abführmittel bei chronischer Verstopfung bewährt.

Tipp: Schmeckt besonders aromatisch, wenn die Pflanze gutgedüngt an einem warmen Standort steht.

Süppchen
von geräuchertem Aal

Zutaten für 4 Portionen

1 kleiner Räucheraal
3 Schalotten
1 Fenchelknolle
1 Stangensellerie
1 Lauchstange
1 Bund gezupfter Schnitt-Sellerie
0,5 L Weißwein
1 L Fischfond
0,5 L Sahne
6 weiße Pfefferkörner
½ Lorbeerblatt
2 Wacholderbeeren

Den Aal filetieren, die Reste beiseitelegen. Das Gemüse putzen, in Öl anschwitzen, mit Wein ablöschen und einkochen. Die Aalreste zugeben und mit Fischfond auffüllen. Alle Gewürze und die Selleriestiele zugeben und 45 Minuten köcheln lassen. Durchs Sieb passieren, Sahne zugeben und wieder aufkochen. Mit Butter aufmixen und würzen. Aalfilet würfeln und in die Suppenteller geben. Die Suppe kurz mit der restlichen Sahne aufmixen, sofort in die Teller geben und die Sellerieblätter drüberstreuen.

S

Sedanina

(Apium nodiflorum L.)

In der Küche: In der Toskana verwendet man die zarten Blätter und Stängel das ganze Jahr über für Salate. Ein typischer Salat besteht aus Sedanina, Olivenöl, Tomaten, Gurken und Salz.

Sorten: Der botanische Name bedeutet knotenblütiger Sellerie.

Geschmack: Wie Selleriestangen mit Möhrengeschmack.

Verwendung: Für Küche und Medizin.

Aussehen: Dünne Stängel, grüne Blätter.

Herkunft: In Deutschland gilt die Pflanze als vom Aussterben bedrohtes Wildkraut, ist aber heimisch bei uns und leider nur wenig entdeckt.

Anbau: Braucht feuchten Boden, daher ist ein Standort nahe einem Teich oder Gewässer ideal. Sehr geeignet als schnell wüchsige Topfpflanze.

Saison: Das ganze Jahr kann geerntet werden, im Frühjahr sind Stängel und Blätter besonders zart.

Wirkung: Sedanina hat eine beruhigende Wirkung auf Magen und Darmtrakt, außerdem harntreibend.

Green Smoothie
mit Sedanina

Zutaten für 4 Portionen

1 Birne
1 Apfel
1 Banane
400 ml Wasser
2 Handvoll Sedanina
1 Handvoll Kresse
1 Spritzer Zitrone

Zubereitung:

Alle Zutaten in einen Mixier geben und pürieren. Dabei das Grüne gründlich zerkleinern.

Kräuterpapst Daniel Rühlemann: „Green Smoothies sind eine einfache und schmackhafte Art, gesundes Grünzeug mit Genuss in unseren Körper zu bekommen.“

S Stevia

In der Küche: Natürlich für alle süßen Gerichte, denn die Pflanze hat einen wirklich starken Süßgeschmack. Nicht so aufdringlich wie normaler Zucker und dazu noch kalorienfrei. In Paraguay verwendet man die süßen Blätter für das Nationalgetränk Matetee.

Sorten: Stevia Zuckerhut (kompakter Wuchs), Stevia Stepa (45-mal süßer als Zucker)

Geschmack: reine Süße mit einer schwachen Erinnerung an Lakritze.

Verwendung: Nur die Blätter, auch Trockenpulver für sirupartige Extrakte.

Aussehen: Kleine, eher unscheinbare Pflanze mit grünen dünnen Blättern.

Herkunft: Südamerika.

Anbau: Die Sorte Zuckerhut lässt sich bequem als Topfpflanze halten, denn dafür ist sie gezüchtet worden.

Saison: Haupterntezeit Mitte bis Ende September, für eine Überwinterung braucht sie mindestens 15° Grad Wärme.

Wirkung: Gegen Zahnfleischbluten und Karies, blutdrucksenkend.

Tipp: Stevia ist eine richtige Erweiterung unseres kulinarischen Horizonts in Richtung einer neuen Art zu süßen, die den Zuckerattacken in den Desserts der Haute Cuisine vielleicht ein Ende setzt. Eine wirkliche Herausforderung für junge Dessert-Köche!

Panna cotta
mit Stevia

Zutaten für 4 Portionen

500 g Sahne
60 g Zucker
1 Vanilleschote
4 Blatt weiße Gelatine
250 g Himbeeren (tiefgekühlt)
2 EL Puderzucker
1 Bund Stevia

Zubereitung:
Die Hälfte der Sahne mit dem Zucker, Vanilleschote und Mark aufkochen. Inzwischen Gelatine nach Packungsanweisung in Wasser einweichen. Sahne vom Herd nehmen, Vanilleschote herausnehmen. Die Gelatineblätter mit dem Schneebesen so lange unterrühren, bis sie sich aufgelöst haben. Abkühlen lassen. Restliche Sahne steif schlagen und unter die Vanillesahne heben. In ausgespülte Förmchen füllen, kalt stellen, bis die Masse fest ist. Himbeeren auftauen, durch ein feines Sieb streichen und den Puderzucker unterrühren. Stevia waschen, trockentupfen und fein hacken. Mit der Himbeersauce je einen Spiegel auf vier Teller gießen. Die Förmchen stürzen und jeweils ein Panna cotta-Törtchen auf die Fruchtspiegel setzen. Mit Stevia bestreuen und servieren.

T

Thailändisches Zitronenblatt

(Citrus histrix L.)

In der Küche: Zitronenblätter werden immer gekocht, gebraten oder geschmort. Fester Bestandteil der thailändischen Küche. Für Suppen und Currys, Fisch und Pilze, Huhn und Rindfleisch.

Sorten: Auch als Kaffirlimette bekannt, erhältlich getrocknet oder frisch in jedem Asia-Laden.

Geschmack: Besitzt ein starkes Zitronen-Pfirsich-Aroma.

Verwendung: In Indonesien werden sie fein geschnitten und geröstet

Aussehen: Fast lederartig aussehende Blätter, dunkelgrün, unterschiedlich groß.

Herkunft: China, Indonesien, Thailand.

Anbau: Die Pflanze braucht das ganze Jahr Wärme.

Saison: Gedeiht als Zimmerpflanze das ganze Jahr.

Wirkung: Keine medizinische Anwendungen.

Tipp: Nicht Knigge-Konform: Aber die gekochten Blätter haben immer noch einen wunderbaren Geschmack, so dass man sie zum Schluss auslutschen kann.

Thailändische
Tom Kah Gai Suppe

Zutaten für 4 Portionen

750 ml Hühnerbrühe (Fond), selbst gemacht
400 ml Kokosmilch
2 TL Currypaste oder Chilipaste
4 EL Thailändische Fischsauce
2 Stängel Zitronengras
4 Kaffir-Zitronenblätter
5 cm Galgant
1 Bund Koriander

Zubereitung:

Den Hühnerfond mit 400 ml Kokosmilch, dem in in halbfingerlange Stücke geschnittenen Zitronengras, den Zitronenblättern sowie ca. 5 cm zerriebener Galgantwurzel aufkochen und 15 Minuten köcheln lassen. Die Currypaste unterrühren und für weitere 15 Minuten köcheln lassen. 4-6 Löffel Fischsauce vorsichtig unterrühren. Ziehen lassen und kurz wieder erwärmen.

Zitronenblätter und –stangen rausnehmen, da sie nicht essbar sind. Beim Anrichten mit dem klein gehacktem Koriander dekorieren.

T

Thymian

(Thymus vulgaris L.)

In der Küche: Als frisches Kraut vernünftig dosieren, harmoniert mit Fleisch- und Kartoffelgerichten. Unentbehrlich für viele mediterrane Gerichte, z. B. braucht eine ordentliche Tomatensauce auch Thymian. Für Würste und Füllungen mit Fleisch.

Sorten: Hunderte von Varianten, riesige Aromaunterschiede, ähnlich wie bei Basilikum. Der bekannteste ist der Gemeine Gartenthymian, dann folgt die Gruppe der Zitronenthymiane, Orangenthymiane, Oreganothymiane.

Geschmack: Scharf, leicht bitter, erinnert an seinen milderen Verwandten Majoran, aber sehr aromatisch.

Verwendung: Frische und getrocknete Blätter, am besten ohne die holzigen Stiele; lässt man ganze Zweige mitkochen, vor dem Servieren entfernen. Trockene Blätter würzen um ein Mehrfaches stärker als frische.

Aussehen: Kleine Halbsträucher von bis zu 30 cm Höhe mit kleinen Blättchen von unterschiedlicher Farbe – je nach Sorte.

Herkunft: Stammt aus dem Mittelmeerraum und war als Gewürz- und Heilkraut noch vor den Römern bekannt.

Anbau: Viel Sonne, durchlässiger Boden, braucht wenig Wasser.

Saison: Ernte das ganze Jahr über.

Wirkung: Bei Atemwegserkrankungen und Verdauungsstörungen.

Thymiantarte

Zutaten für 4 Portionen

250 g Blätterteig (tiefgekühlt)
500 g junger Lauch
2 Zweige Zitronenthymian
3 frische Blätter Lorbeer
3 Eier
50 g Butter
200 g Crème fraîche
1 EL Speisestärke
60 g geriebener Käse
1 Msp. Muskatnuss
Salz, Pfeffer
4 Anchovis (Sardellenfilets)

Zubereitung:

Blätterteig dünn ausrollen und damit eine Quicheform von 24 cm Durchmesser auslegen. Lauch gründlich waschen, putzen, nur das Hellgrüne und Weiße in Ringe schneiden. Thymian und Lorbeer hacken.
Butter in einen Topf geben, Lauch und die Kräuter 15 Min. andünsten. Den Backofen auf 225° vorheizen.
Die Eier in einer Schüssel aufschlagen. Die Crème fraîche, Speisestärke, Käse und Muskat unterheben. Mit dem heißen Lauch vermischen, mit Salz und Pfeffer abschmecken. Die Masse auf dem Teigboden verteilen und im Backofen (Mitte, Umluft 200°) 25 Min. backen. Aus dem Ofen nehmen, mit Anchovis belegen und heiß servieren.

T

Tripmadam

(Sedum reflexum L.)

In der Küche: Ein Kraut aus Omas Küche, das einmal sehr beliebt war, aber geschmacklich wenig bietet. Es sieht ganz niedlich aus und macht sich im Steingarten sehr hübsch. Die Spitzen der Stängel verwendet man für Salate und Suppen, indem man sie hackt und dann mit einem breiten Messer zerquetscht.

Sorten: Auch als Felsenfetthenne oder Steinkraut bekannt, blaugraues Tripmadam ist eher eine Zierpflanze.

Geschmack: Etwas säuerlich, wenig Aroma, leicht pelzig

Verwendung: Die grünen kleinen Spitzen und Blätter, bei Suppen die Zweige erst zum Schluss mitgaren, vor dem Servieren entfernen.

Aussehen: Niedriges kleines Pflänzchen mit hübschen goldgelben Blüten

Herkunft: Stammt aus Mitteleuropa

Anbau: Braucht nicht viel Sonne, absolut anspruchslos

Saison: Das ganze Jahr über

Wirkung: Fördert den Stoffwechsel, harntreibend, entkrampfend. Bei Verbrennungen sollen die zerdrückten Blätter lindernd wirken.

Tipp: Ein Kraut für das kleine Küchenmuseum. Nur zusammen mit aromastarken Kräutern verwenden.

Kräutersalat

mit Austern und gefüllten Landeiern

(Nach einem Rezept von Sterne-Koch Robert Stolz, Plön/Holstein)

Zutaten für 4 Portionen

je ½ Bund
glatte Petersilie,
Tripmadam, Estragon,
Kerbel, Basilikum,
Pimpinelle, Majoran
200 g Salat mit
Löwenzahn, Sauerampfer
Portulak, Rauke
Brunnenkresse

2 EL Essig
3 EL Öl
Salz und Pfeffer
2 Eier
½ TL Dijonsenf
2 EL Mayonnaise
4 TL Lachskaviar
4 Austern
2 Blatt Gelatine
100 ml Champagner
oder trockener Sekt

Zubereitung:

Kräuter und Salate getrennt waschen und trockenschleudern. Für das Dressing Essig, Öl, Salz und Pfeffer mischen. Die Eier hart kochen, schälen und längs aufschneiden. Eigelbe durch ein Sieb drücken. Mit Senf und Mayonnaise verrühren, salzen. Füllung durch einen Spritzbeutel in die Eiweißhälften geben. Mit dem Kaviar garnieren. Die Austern öffnen, den Austernsaft auffangen und das Fleisch herauslösen. Gelatine in Wasser einweichen. Den Austernsaft mit dem Champagner erhitzen, Austern darin 2 Min. pochieren. Herausnehmen, die eingeweichte Gelatine im Sud auflösen. 4 Austernschalen abkochen und säubern. Die Austern wieder in die Schalen legen, mit dem Sud auffüllen und im Kühlschrank fest werden lassen. Salat und Kräuter mit dem Dressing mischen, die Eier und die Austern auf dem Salat anrichten.

V

Veilchen

(Viola suavis, Viola odorata L.)

In der Küche: Nichts riecht so betörend wie Veilchen im Frühling. Für die Küche fangen wir ihre herrlichen Aromen in einem Sirup oder kandieren die hübschen Blüten. Wunderbare Garnierung für Torten und Petit fours. Frisch geben sie einem Obstsalat eine harmonische Note. Und mit den Blättern fängt man den Frühling für einen Kräutersalat ein, denn die Veilchen kommen sehr früh im Jahr. Aber auch zu Fischgerichten aromatisieren Veilchenblütenblätter die Sauce ungemein.

Sorten: Märzveilchen, Parmaveilchen, wildes Stiefmütterchen, Hornveilchen, Duftveilchen.

Geschmack: Zart, aromatisch und unverwechselbar. Schon Napoleon konnte vom zarten Duft des Veilchens nicht genug haben, deshalb trug er den Spitznamen »Caporal Violette«.

Verwendung: Blüten und die jungen Blätter.

Aussehen: Kleine Pflanze, die nur etwa 10 bis 15 cm hoch wird, mit grünen breiten Blättern und meist violetten zarten Blüten.

Herkunft: Schon in der Antike erwähnt, die Griechen erwählten das Veilchen zum Symbol der Liebe.

Anbau: Braucht mäßige Temperaturen, besser im Haus ziehen, dann kann man sich am Duft erfreuen, sie blühen dann von November bis in den April.

Saison: Blüte im Frühjahr und Herbst.

Wirkung: Enthält sehr viel Vitamin C, lindert als Tee verabreicht Erkältungskrankheiten und Bronchitis.

Tipp: Einen Sirup machen: 50 g Veilchenblüten mit 100 ml heißem Wasser übergießen und einen Tag bedeckt ziehen lassen. Filtern und darin 100 g Zucker auflösen, dabei erwärmen. Abkühlen lassen und in eine Flasche füllen.

Loup de Mer mit **Veilchen geschmort**

Zutaten für 4 Portionen

4 Seewolffilets
(Loup de Mer)
Mehl
50 g Butter
1 Hand voll Veilchenblätter
Meersalz

Für die Sauce:
100 ml trockener Weißwein
100 ml Weißweinessig
200 ml Gemüsebrühe
100 g Butter
Salz, Pfeffer

Zubereitung:

Die Fischfilets abspülen, von Blutresten befreien und trockentupfen. Kurz in Mehl wenden, überschüssiges Mehl abklopfen und auf der Hautseite in Butter anbraten. Die Pfanne in den vorgeheizten Backofen schieben, Veilchen dazugeben, einige für die Garnitur beiseite legen, und den Fisch in 5 Min. fertig braten. Für die Sauce Wein und Essig auf die Hälfte einkochen lassen und die Gemüsebrühe dazugießen. Die geschmorten Veilchen aus der Pfanne dazugeben und etwas mitziehen lassen. Alles durch ein Sieb geben und mit der Butter zu einer Sauce aufmixen, mit Salz und Pfeffer würzen. Die Seewolffilets auf Teller geben, einen Saucenspiegel angießen und mit den frischen Veilchen dekorieren.

W

Waldmeister

(Galium odoratum L.)

In der Küche: Für Süßspeisen und die berühmte Götterspeise, die eigentlich ganz schrecklich schmeckt , aber viele Kinderaugen glücklich aufblitzen lässt. Gehört in die Maibowle, passt zu Obstsalaten und reifen Erdbeeren.

Sorten: Wilder Waldmeister, Turiner Waldmeister, auch als Waldmännlein, Gliederkraut, Maiblume bekannt.

Geschmack: Charakteristisches, volles Aroma, getrocknet mit starkem Heuduft.

Verwendung: Frische und getrocknete Blätter.

Aussehen: Die Pflanze wird 30 cm hoch, mit hellgrünen Blättern mit gelben Blüten.

Herkunft: Wächst in schattigen Laub - und Nadelwäldern.

Anbau: Braucht Schatten und nährstoffreichen Boden, Ernte erst im zweiten Jahr – immer vor der Blüte.

Saison: Im Mai werden die frischen Waldmeister-Kränze angeboten.

Wirkung: Krampflösend und blutreinigend.

Tipp: Von Waldmeisterbowle nicht zu viel trinken: Waldmeister enthält Cumarin, das im Übermaß genossen zu heftigen Kopf- und Magenschmerzen führen kann.

Geschichte: Bis zum Mittelalter gab man Waldmeister auch den vieldeutigen Namen »Frauenbettstroh«, weil es Waldmeister so viel in der freien Natur gab, daß man mit seinen Blättern – aber bitte getrocknet, denn das raschelt noch geheimnisvoller unter dem Linnen – das Bettzeug füllte. Man kann also mit Fug und Recht behaupten, die hohe Frau des Mittelalters stieg jeden Abend mit vielen Waldmeistern ins Bett.

Waldmeistersorbet

Zutaten für 4 Portionen

100 g frischer Waldmeister
½ l trockener Weißwein
300 g Puderzucker
1 unbehandelte Orange, in Scheiben geschnitten
Saft von 2 Zitronen

Zubereitung:

Alle Zutaten in eine Schüssel geben, gut durchrühren und einige Stunden ziehen lassen. Durch ein feines Sieb passieren und im Gefrierfach anfrieren lassen. Sobald es halb gefroren ist, das Sorbet in Gläsern servieren, mit Waldmeisterblättern garnieren.

W

Wasabi Japanischer Meerrettich
(Wasabia japonica L.)

In der Küche: Als Pulver oder in der Tube erhältlich. Einige feine japanische Restaurant haben die frische Knolle im Angebot. Dann reibt der Kellner das frische Wasabi am Tisch – zum rohen Fisch ein Hochgenuss – man taucht die Fischstücke in die Wasabi – Sojasauce und auf der Zunge kommt es zu einer kleinen, delikaten Explosion der Aromen. Für die Herstellung von Sushi ist Wasabi unerlässlich. Manche langweilige Saucen kann man mit Wasabi etwas aufpeppen. Euroasiatische Köche fügen zu einem öden Kartoffelstampf etwas Wasabi zu, dann wird der Stampf appetitlich hellgrün.

Sorten: Es werden eigentlich nur die Knolle und deren Pulver verwendet. Wer die Knolle im Garten zieht, das ist relativ einfach, kann die Blätter für einen prickelnden Salat verwenden.

Geschmack: Schärfer als unserer heimischer Meerrettich.

Verwendung: Meist als Pulver im Asienladen erhältlich. Das Pulver wird dann nach Geschmack mit etwas Wasser angerührt. Man rollt es dann zu kleinen Kugeln oder anderen Formen und setzt das Wasabi neben das Sojaschüsselchen. Darin löst man das Wasabi auf, aber bitte nach und nach, es kann höllisch scharf schmecken.

Aussehen: Hell – bis dunkelgrün, je nach Mischung.

Herkunft: Japan.

Anbau: Im heimischen Garten kein Problem, im Herbst ins Gewächshaus oder Fensterbrett.

Saison: Im Sommer stellt die Pflanze das Wachstum ein, um im Herbst wieder grüne Blätter zu treiben.

Wirkung: Es reinigt die Geschmacksknospen der Zunge. Man schmeckt besser und intensiver.

Tipp: Für jeden Fischfreund ist Wasabi ein Muss.

Gebratener Thun
im Sesammantel

Zutaten für 4 Portionen

300 g frischer Thun im Stück (Filetende oder Schwanzstück)
50 g Sesamkörner
Tomate
Gurke
Wasabi (japanischer Meerrettich im Asia-Laden erhältlich)
Sojasauce

Zubereitung:

Sesamkörner in der Pfanne anrösten. Thun mit etwas Öl in einer Pfanne maximal fünf Minuten von allen Seiten anbraten, das Fleisch muß einen roten Kern behalten.
Sesam auf einen Teller geben und den noch warmen Thun darin wenden. Thun quer zur Faser in 1 cm dicke Scheiben schneiden. Die Scheiben auf vier Teller/Platten verteilen, mit den Gemüsen umlegen.
Dazu Sojasauce und Wasabi in kleinen Schälchen reichen. Die Thunfischscheiben darin eintunken.

Y

Ysop

(Hyssopus officinalis L.)

In der Küche: Ein Kraut mit Geschichte, das etwas an Bedeutung verloren hat. Schmeckt zu Quark, zu Reis-und Bohnengerichten. Kann zu Marinaden für Fleisch verwendet werden. Vorsichtig verwenden, lieber noch einmal nachwürzen.

Sorten: Blau blühender Ysop, rosa blühender Ysop, Zwerg-Ysop (Kräuterhecken).

Geschmack: Leicht nach Kampfer, bitter und etwas Menthol, erinnert an Salbei.

Verwendung: Junge Triebe zum Würzen.

Aussehen: Bis zu 90 cm hoch, hat schmale Blättchen und blaue Blüten.

Herkunft: Stammt aus Kleinasien, schon im Altertum als reinigende Heilpflanze erwähnt.

Anbau: Braucht viel Sonne und sandigen Boden.

Saison: Zwischen Sommer und Herbst, am meisten Würze vor der Blüte und in der ersten Zeit der Blüte.

Wirkung: Eher eine Heilpflanze als ein Würzkraut; enthält viel ätherische Öle, dehalb unterliegt Ysop in einigen Ländern gesetzlichen Beschränkungen.

Tipp: Ysop als Hecke zur Einfriedigung von Kräuterbeeten pflanzen.

Wirkung: Die Ysop-Historie lässt sich bis zur Bibel zurück verfolgen. Angeblich leitet sich Ysop von hebräisch »ezob« ab, was »Heiliges Kraut« bedeutet. Damit wurden die heiligen Stätten gereinigt und Aussätzige behandelt. Die Blätter enthalten tatsächlich einen Schimmelpilz, aus dem man Antibiotika gewinnen kann.

Arabischer Reis
mit Ysop

Zutaten für 4 Portionen

3 EL Olivenöl
2 kleine fein gehackte Zwiebeln
4 El Pinienkerne
2 EL Korinthen
½ TL Safranfäden
500 g Langkornreis
Salz, Pfeffer
2 TL gehackte Ysopblätter
1 TL Paprikapulver
1 TL Honig

Zubereitung:
Im heißen Olivenöl die Zwiebelwürfel goldgelb werden lassen, Pinienkerne dazugeben und anrösten. Dann Korinthen, Safran und Reis hinzufügen und kurz garen, bis der Reis glasig wird. 750 ml Wasser angießen, nach Geschmack salzen, pfeffern und aufkochen lassen. Bei schwacher Hitze den Reis bei zugedeckt 20 Min. garen lassen, bis er weich ist. Notfalls noch Wasser nachgießen. Die Ysopblätter waschen, trockentupfen und klein hacken. Vor dem Servieren unter den Reis mischen, einige Blätter zum Garnieren verwenden. Mit Paprika bestäuben und den Honig darüber träufeln. Servieren Sie den Reis zu Lamm-und Huhngerichten.

Z

Zatar

(Coridothymus capitatus L.)

In der Küche: Wird in der arabischen Küche für Hühner– und andere Fleischgerichte verwendet. Das berühmte Pitta-Fladenbrot schmeckt mit Zatar erst richtig. Zatar ist eines der wichtigsten Kräuter der Orient-Küche. Schmeckt auch mit Knoblauch und gerösteten Sesamkörnern. Im Libanon würzt man Gegrilltes und Fleischbällchen mit Zatar.

Sorten: Es gibt die Pflanze, dazu gehört Zatar Corido oder Zatar Parsi, aber auch eine Mischung gleichen Namens, die aus Sesamkörnern, Thymianblättern, getrockneten Sumachbeeren und gerebeltem Zatarkraut besteht.

Geschmack: Erinnert an Majoran und mehr noch an scharfen Oregano, wird auch arabisches Marojan genannt.

Verwendung: Frisch wie Majoran, sonst getrocknet und gerebelt

Aussehen: Kleiner drahtiger Strauch, ca. 30 cm hoch, hellviolette Blüten und kleine Blätter.

Herkunft: Wüstenregionen des vorderen Orients

Anbau: Braucht wenig Wasser, deshalb leicht auf der Fensterbank zu ziehen.

Saison: Blätter können das ganze Jahr über geerntet werden.

Wirkung: Keine medizinische Bedeutung bekannt.

Fladenbrot
mit Zatar

Zutaten für 6 Portionen

- 1 Päckchen Trockenhefe
- ½ TL Zucker
- 300 g Mehl
- 1 TL Meersalz
- 100 ml Olivenöl
- 10 EL Zatar
- Öl für das Blech

Zubereitung:

Hefe und Zucker in 100 ml handwarmem Wasser auflösen und 15 Min. stehen lassen. Mehl auf eine Arbeitsplatte schütten, Salz untermischen. Hefemischung mit 300 ml Wasser verrühren. Eine Höhlung in das Mehl drücken, die Flüssigkeit nach und nach hineingießen und mit dem Mehl gut verkneten. Daraus eine runde Kugel formen und diese in einer mit einem Tuch bedeckten Schüssel 1 Std. an einem warmen Platz ruhen lassen. In dieser Zeit sollte der Teig sein Volumen verdoppeln. Dann den Teig wieder auf der Arbeitsfläche 5 Min. durchkneten und auf eine Dicke von 5 mm ausrollen. Am besten zu runden Fladen von 18 cm Durchmesser formen. Den Backofen auf 250° vorheizen. Das Backblech mit Öl bestreichen, die Fladen darauf setzen. Mit der Gabel einstechen, damit der Teig beim Backen nicht zu hoch aufgeht. Das restliche Öl mit dem gehackten Zatar vermischen und damit die Fladen bestreichen. 30 Min. im Backofen (Mitte, Umluft 225°) backen. Wird im Orient zu Fleischbällchen und Gegrilltem gegessen.

Z

Zitronengras
(Cymbopogon citratus)

In der Küche: Wichtiges Grundgewürz in der asiatischen Küche außer China, vor allem in der thailändischen und vietnamesischen, aus der unser Rezept stammt. Zitronengras peppt vor allem Kurzgebratenes auf. Schmeckt zu Fisch, auch zu Meeresfrüchten. Zum Grillen wirft man getrocknetes Zitronengras ins Feuer. Ähnlich wie Lorbeer verwenden.

Sorten: Ostindisches Lemongras, Zitronellagras (Parfümherstellung), Palmarosa-Gras (Tee)

Geschmack: Stark nach Zitrone, erfrischend

Verwendung: Für Salate und Marinaden die weichen, weißen Teile, zum Mitkochen auch die grünen Strünke.

Aussehen: Die Pflanze wird bis 1,5 m hoch mit langen grünen Trieben, erinnert an eine Reispflanze.

Herkunft: Aus Ostindien, wird im tropischen Asien angebaut. Bei uns im Asienladen, Feinkosthandel und gut sortierten Märkten erhältlich, frisch und getrocknet.

Anbau: Leicht als Topfpflanze zu pflegen, nicht für den Garten geeignet.

Saison: Das ganze Jahr über erhältlich.

Wirkung: Schon seit 300 Jahren für medizinische und kosmetische Zwecke im Gebrauch.

Tipp: Zitronengras wie Lorbeer überall mitköcheln lassen, gibt oft einen leichteren Geschmack.

Rindfleisch
mit Zitronengras

Zutaten für 4 Portionen

600 g Rinderfilet
2 Zitronengraszweige
2 EL Öl
1 TL Salz
½ TL Pfeffer
½ TL zerriebene Peperoni
½ zerdrückte Knoblauchzehe
1 EL Nuoc-mam-Sauce (vietnam. Würzsauce aus dem Asienladen)
1 Zwiebel
1 Bund Pfefferminz

Zubereitung:

Fleisch abspülen und trockentupfen. Quer zur Faser in Scheiben schneiden. Eine Marinade aus fein gehacktem Zitronengras, 1 TL Öl, Salz, Pfeffer, Peperoni, Knoblauch und Nuoc-mam-Sauce mischen und darin das Fleisch 30 Min. marinieren. Inzwischen die Zwiebel schälen und in Scheiben schneiden. Pfefferminze waschen, trockentupfen und klein hacken. Das restliche Öl in der Pfanne erhitzen und die Zwiebelscheiben kurz anziehen lassen. Das Fleisch mit der Marinade in die heiße Pfanne geben und 5 Min. darin schwenken. Das Filet darf nicht zu sehr durchbraten. Sofort servieren. Dazu passt Reis.

Impressum

Dank: Der Autor bedankt sich ganz herzlich bei Daniel Rühlemann, der ihn in Fachfragen kompetent beraten und redaktionell unterstützt hat. Sie können den Spezialisten für die Aufzucht vergessener und unbekannter Kräuter- und Duftpflanzen auch im Internet besuchen: www.ruehlemanns.de

2. Auflage 2014

Herausgeber, Redaktion und Produktion: Henning Seehusen
Rezepte: Gertrud Scharbau-Seehusen, Henning Seehusen
Layout, Gestaltung und Litho: Frische Grafik, Hamburg
Vertrieb: Wolfgang Hölker Verlag, Münster

Fotos: Hintergrundfotos: © Jiri Hera - Fotolia.com, Seite 13: © Picture Partners - Fotolia.com, Seite 15: © Christian Jung -Fotolia.com, Seite 17: © Joachim Opelka - Fotolia.com, Seite 19: © seli8 - Fotolia.com, Seite 21: © Christian Jung - Fotolia.com, Seite 23: © silencefoto - Fotolia.com, Seite 25: © Andrey Starostin - Fotolia.com, Seite 27: © Xuejun li - Fotolia.com, Seite 29: © Unclesam - Fotolia.com, Seite 31: © zi3000 - Fotolia.com, Seite 33: © emer - Fotolia.com, Seite 35: © Rühlemann's - kraeter-und-duftpflanzen.de, Seite 37: © Zerbor - Fotolia.com, Seite 39: © fotoknips - Fotolia.com, Seite 41: © ExQuisine - Fotolia.com, Seite 43: © Picture Partners - Fotolia.com, Seite 45: © Swapan - Fotolia.com, Seite 47: © Coprid - Fotolia.com, Seite 49: © nito - Fotolia.com, Seite 51: © womue - Fotolia.com, Seite © marilyn barbone - Fotolia.com, Seite 55: © Andrea Wilhelm - Fotolia.com, Seite 57: © Werner Fellner - Fotolia.com, Seite 59: © Tim UR - Fotolia.com, Seite 61: © flydragon - Fotolia.com, Seite 63: © Barbara Pheby - Fotolia.com, Seite 65: © Marén Wischnewski - Fotolia.com, Seite 67: © Rühlemann's - kraeter-und-duftpflanzen.de, Seite 69: © emer - Fotolia.com, Seite 71: © thodonal - Fotolia.com, Seite 73: © Rühlemann's - kraeter-und-duftpflanzen.de, Seite 75: © Joachim Opelka - Fotolia.com, Seite 77: © Christian Jung - Fotolia.com, Seite 79: © Digitalpress - Fotolia.com, Seite 81: © photocrew - Fotolia.com, Seite 83: © Marek Gottschalk - Fotolia.com, Seite 85: © PhotoSG - Fotolia.com, Seite 87: © Vera Kuttelvaserova - Fotolia.com, Seite 89: © Christian Jung - Fotolia.com, Seite 91: © Rühlemann's - kraeter-und-duftpflanzen.de, Seite 93: © Zerbor - Fotolia.com, Seite 95: © hjpix - Fotolia.com, Seite 97: © Tim UR - Fotolia.com, Seite 99: © emer - Fotolia.com, Seite 101: © Andrea Wilhelm - Fotolia.com, Seite 103: © eyewave - Fotolia.com, Seite 105: © uckyo - Fotolia.com, Seite 107: © Joachim Opelka - Fotolia.com, Seite 109: © Ekaterina Lin - Fotolia.com, Seite 111: © Kenishirotie - Fotolia.com, Umschlagfotos: © Siehe Nachweise Seite 13 - 111

Printed in Germany

Druck und Bindung: optimal media GmbH, Röbel

ISBN 978-3-88117-981-2